Burg Trifels

BERNHARD MEYER

FÜHRUNGSHEFT 15

Edition
Burgen, Schlösser, Altertümer
Rheinland-Pfalz

Edition Burgen, Schlösser, Altertümer
Rheinland-Pfalz

FÜHRUNGSHEFT 15

Herausgegeben von
Burgen, Schlösser, Altertümer Rheinland-Pfalz,
Landesamt für Denkmalpflege Rheinland-Pfalz und
Landesmedienzentrum Rheinland-Pfalz

Impressum

Burgen, Schlösser, Altertümer
Rheinland-Pfalz
Festung Ehrenbreitstein
56077 Koblenz
Tel.: 02 61/9 74 24-44
Fax: 02 61/9 74 24-50

Landesamt für Denkmalpflege
Rheinland-Pfalz
Erthaler Hof – Schillerstraße 44
55116 Mainz
Tel.: 0 61 31/20 16-0
Fax: 0 61 31/20 16-1 11

Landesmedienzentrum
Rheinland-Pfalz
Hofstraße 257c
56077 Koblenz
Tel.: 02 61/97 02-0
Fax: 02 61/97 02-202

Bildnachweis:
Manfred Czerwinski: Titelbild – Dorothée Haas, Mainz: Faltplan – Landesmedienzentrum Rheinland-Pfalz, Koblenz: S. 5, 15, 24, 25, 30 r., 35, 36, 38, 39, 40, 43, 44, 45, 47, 49, 52 – Landesamt für Denkmalpflege Rheinland-Pfalz, Mainz (Sigmar Fitting): S. 7, 17, 19, 27, 29 – Landesamt für Denkmalpflege Rheinland-Pfalz, Mainz (Archiv): S. 11, 12, 14, 30 l., 33 – Europäisches Burgeninstitut der Deutschen Burgenvereinigung e. V., Phillipsburg/Braubach: S. 13, 34, 41 – Institut für plälzische Geschichte und Volkskunde, Kaiserslautern (Bernhard Meyer): S. 31, 32, 37 – Landesarchiv Rheinland-Pfalz, Speyer: S. 8 – Gerber- und Heimatmuseum Annweiler: S. 9 – Zeune, Burgen, 2. unv. Aufl. 1997, S. 163, Abb. 77f.: S. 23

Die Deutsche Bibliothek – CIP-Einheitsaufnahme

Bibliografische Information Der Deutschen Bibliothek
Die Deutsche Bibliothek verzeichnet diese Publikation in der Deutschen Nationalbibliografie; detaillierte bibliografische Daten sind im Internet über http://dnb.ddb.de abrufbar.

Weitere Informationen über „Burgen, Schlösser, Altertümer Rheinland-Pfalz“ und das Programm des Verlags Schnell & Steiner erhalten Sie im Internet unter
www.burgen-rlp.de
www.schnell-und-steiner.de

1. Auflage 2004

Leibnizstraße 13
D–93055 Regensburg
Satz, Lithos und Druck: Erhardi Druck GmbH, Regensburg
ISBN 3-7954-1444-X

Inhalt

Einleitung

Die Burg Trifels erhebt sich eindrucksvoll auf einem gestreckten schmalen Felsriff, das den Gipfel des 500 Meter hohen Sonnenberges bildet, der das Städtchen Annweiler an den östlichen Ausläufern des Pfälzer Waldes um mehr als 300 Meter überragt. Auf den nächsten Bergkuppen in südöstlicher Richtung stehen die Burgruinen Anebos und Scharfenberg.
Der Trifels ist die bekannteste und mit über 100.000 Besucher pro Jahr populärste Burg der Pfalz. Diese Stellung verdankt der Trifels seiner historischen Bedeutung im Mittelalter, besonders in der Stauferzeit, im 12. und 13. Jahrhundert. Der heutige Baubestand der Burg Trifels stammt aus verschiedenen Bauzeiten, die vom 11. Jahrhundert bis in die Gegenwart reichen. Die erhaltenen Überreste aus der Zeit des Mittelalters werden heute deutlich beherrscht von dem 1938 begonnen Ausbau, der erst mit der Erhöhung des Hauptturmes 1966 abgeschlossen war.

Geschichte

Salierzeit (1024–1125)

Erstmals erwähnt wird der Trifels in einer Schenkungsurkunde aus dem Jahr 1081, in der *Diemarus de Triueils* „seine Burg, die Trifels genannt wird, dem König übergab“. Die gesellschaftliche Stellung des Diemar, der als *capitaneus* bezeichnet wird, geht aus der Quelle nicht eindeutig hervor, und damit bleibt auch unklar, ob der Trifels zu diesem Zeitpunkt im Besitz des Adels oder des Königs gewesen ist. Im Jahr 1113 musste der Mainzer Erzbischof Adalbert I. im Verlauf einer Auseinandersetzung den Trifels an Kaiser Heinrich V. aus dem Geschlecht der Salier „zurückgeben“, was nahe legt, dass dieser zuvor rechtmäßiger Besitzer der Burg war. Trotzdem kann der Trifels erst seit diesem Ereignis mit Sicherheit als Reichsburg bezeichnet werden. Die historischen Überlieferungen zum Trifels verdichten sich gegen Ende der Salierzeit. Während oder nach Beendigung seines Feldzuges, den Herzog Friedrich II. von Schwaben – der Vater Friedrich Barbarossas – im Auftrag Kaiser Heinrich V. durch das oberrheinische Gebiet unternahm, tauschte er im Jahr 1119 das elsässische Dorf Morsbrunn gegen den Hof Annweiler ein. Zur gleichen Zeit erschienen erstmals Reichsministerialen, die sich nach dem Trifels benannten.
Kurz vor seinem Tod im Jahr 1125 übergab Kaiser Heinrich V. „die Krone und die anderen Insignien“ an den ihm treu erge-

Die drei Burgen Scharfenberg, Anebos und Trifels von Osten

benen Stauferherzog Friedrich II. Dieser sollte die Insignien „bis zur Zusammenkunft der Fürsten auf der besonders festen Burg, die Trifels genannt wird, aufbewahren". Die Überantwortung der Reichsinsignien aus der Hand des sterbenden Salierkaisers und der damit verbundene Auftrag zu ihrer Aufbewahrung auf dem Trifels ist von großer Bedeutung für die zukünftige Rolle, welche die Burg im Selbstverständnis des Staufergeschlechts spielen sollte.

Stauferzeit (1138–1250)

Seit dem frühen 12. Jahrhundert befand sich die Reichsburg Trifels im Einflussbereich der staufischen Herrschaft, die sich neben Schwaben besonders in der Pfalz und im Elsass manifestiert hatte. Für anderthalb Jahrhunderte stand der Trifels immer wieder im Mittelpunkt bedeutender historischer Ereignisse. Im wahrsten Sinne legendär ist die ehrenvolle Gefangenschaft des englischen Königs Richard Löwenherz auf der Burg. Sie ist jedoch nur für eine Zeitspanne von knapp drei

Stauferzeitlicher Hauptturm und neuer Palas von 1938-46 von Süden

Wochen – vom 31. März bis zum 19. April des Jahres 1193 – mit Sicherheit belegt. Möglicherweise wurde Richard bis zu seiner Freilassung im Februar 1194 zwischen seinen bezeugten Aufenthalten in Worms, Speyer und Mainz nochmals auf dem Trifels untergebracht, wofür es allerdings keine Beweise gibt. Die immense Lösegeldsumme, die der staufische Kaiser Heinrich VI. für die Freilassung Richards erhalten hatte, ermöglichte es ihm, einen Feldzug gegen das Normannenreich in Süditalien zu unternehmen, zu dem er sich aufgrund des Erbanspruches seiner Frau Konstanze berechtigt sah. Am 9. Mai 1194 versammelten sich die Streitkräfte vermutlich unterhalb des Trifels auf den ‚Schloßäckern' und brachen am 12. Mai nach Italien auf. Bereits im November 1194 konnte Heinrich siegreich in Palermo einziehen und sich zum König Siziliens krönen lassen. Der sagenumwobene Normannenschatz und eine Reihe normannischer Geiseln wurden auf den Trifels gebracht und der Obhut von Reichsministerialen anvertraut.

Im Jahr 1208 nach dem Tod von König Philipp von Schwaben – dem Nachfolger und Bruder Kaiser Heinrich VI. –, nahm der mit dem Amt des Reichskanzlers betraute Konrad von Scharfenberg, der bedeutendste Vertreter aus dem Burgmannengeschlecht der Nachbarburg, die Reichsinsignien auf dem Trifels in Gewahrsam bis der Welfenkönig Otto IV., vom Stauferanhang anerkannt, Konrad in seinem Kanzleramt bestätigte.

Von Kaiser Friedrich II., dem Sohn Heinrich VI., ist kein Aufenthalt auf dem Trifels quellenmäßig verbürgt. Trotzdem muss er der Burg als Mittelpunkt eines ausgedehnten Reichsgutkomplexes besondere Bedeutung zugemessen haben, wie die von ihm veranlasste Erhebung der dörflichen Burgsiedlung Annweiler zur Stadt im Jahr 1219 deutlich macht. Soweit bekannt, dürfte Annweiler die erste Stadt im mittelalterlichen Deutschland gewesen sein, die das Münzrecht besaß. Dessen Erlöse sollten jedoch dem Trifels zukommen. In wirtschaftlicher Hinsicht scheinen sich die Pläne des Staufers erfüllt zu haben, denn dem so genannten ‚Reichsteuerverzeichnis' von 1241 zufolge war das „Amt Trifels" eines der ergiebigsten Besitztümer und wurde nur von wenigen alten Städten wie Frankfurt am Main und Basel sowie einem Dutzend staufischen Stadterhebungen bzw. Neugründungen übertroffen.

Mit der Privilegierung von Annweiler verband Friedrich II. noch einen weiteren Aspekt: Indem er die „Bürger" Annweilers verpflichtete, seinen Todestag jährlich mit einer Messe zu zelebrieren, legte er Wert auf das Gedenken seiner Familie und – als Besonderheit – seiner Person. Friedrich II. hat mit diesem

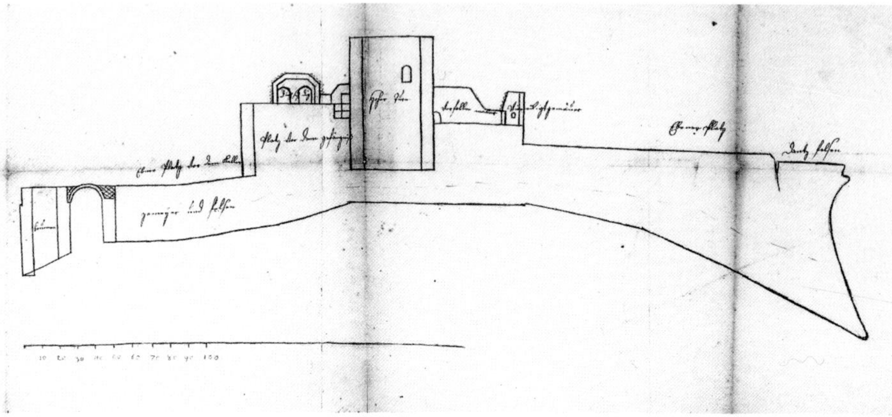

Anonyme Rötelzeichnung, Querschnitt der Burg Trifels von Westen, Anfang 18. Jh. (Besitz: Landesarchiv Rheinland-Pfalz, Speyer) Beschriftung von links nach rechts: brunnen – Ebner Platz vor dem Keller – gemeyer und felsen – durchsichdig – Platz vor dem gefängniß – hoher Turm – verfallen mauer – viereckigt gemäuer – Ebener Platz – dantz felsen

Privileg die seiner Macht unterstehende Stadtgemeinde von Annweiler, die Reichsburg Trifels und sein Geschlecht nebst seiner eigenen Person aufs engste miteinander verknüpft. Dass er für sein und seiner Sippe „Memoria“ Annweiler gewählt hat, dürfte kein Zufall sein: Denn wie bereits erwähnt, diente der Trifels seit der Übergabe der Reichsinsignien durch den Salierkaiser Heinrich V. an den Stauferherzog Friedrich II. von Schwaben der Herrschaftslegitimation der Staufer.

Spätmittelalter (1250–1500)

In der späten Stauferzeit bildete sich der Brauch heraus, die Reichsinsignien nicht nur in Übergangszeiten des Herrscherwechsels, sondern dauernd auf dem Trifels unter der Obhut von Reichsministerialen aufzubewahren. Diese Tradition, die besonders in der Zeit des Interregnums, der ‚königlosen' Zeit von 1254 bis 1273, den Charakter einer Legitimation für den jeweiligen Thronkandidaten annahm, brach mit dem Ende des 13. Jahrhunderts ab. Der Trifels verlor zunehmend an Bedeutung. Im weiteren Verlauf des Spätmittelalters traten die Territorialherren an die Stelle der königlichen Zentralmacht. Das Reichsgut verlor an Bedeutung gegenüber dem jeweiligen Eigengut des Königs und verminderte sich in der Folgezeit drastisch, einerseits durch widerrechtliche Inbesitznahme seitens der Landesherren, andererseits durch Verpfändung – ein Los, das auch dem Trifels widerfuhr. König Heinrich VII. aus dem Haus der Luxemburger hatte noch ein vitales territorialpolitisches Interesse am Trifels und übergab dem Grafen Georg von Veldenz im Jahr 1310 die Landvogtei über den Speyergau

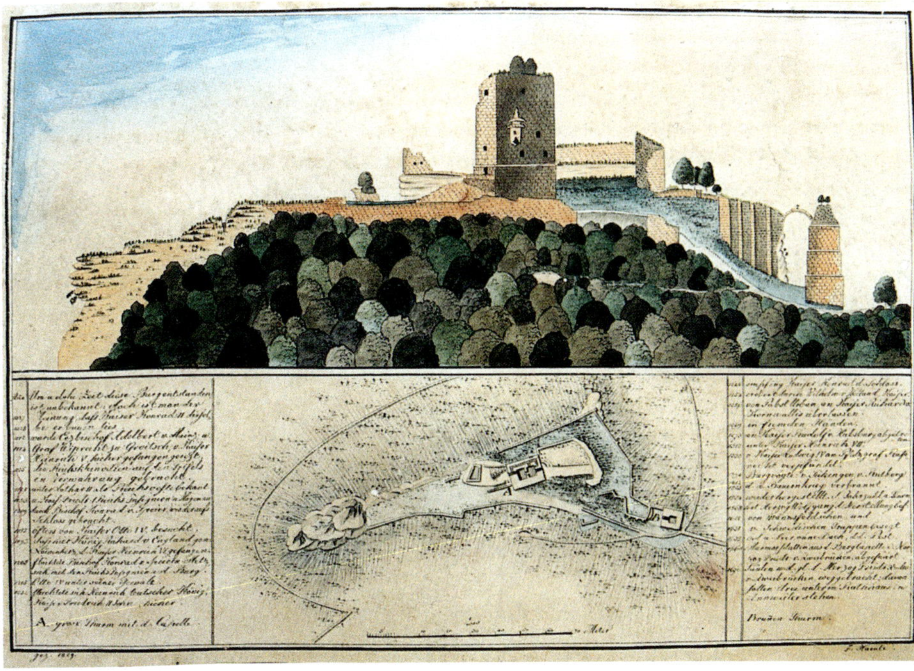

Kolorierte Zeichnung von Friedrich Haenle, Ansicht der Burg Trifels von Osten mit Grundriss, datiert 1829

unter der Bedingung, 1200 Pfund Silber auf den benachbarten Burgen Trifels und Neukastel zu verbauen.

König Ludwig der Bayer verpfändete 1330 den Trifels und Annweiler neben einer Reihe von anderen Reichsstädten und -burgen an seine Neffen, die Pfalzgrafen bei Rhein. Dem Pfalzgrafen als dem jeweiligen Pfandinhaber war gestattet, die baulichen Instandhaltungskosten auf die Pfandsumme zu schlagen. Unter König Ludwig dem Bayern sind für die Jahre 1346, 1359 und 1367 die aufgewandten Bausummen zum Teil überliefert – allerdings nicht, für welche Maßnahmen das Geld verwendet wurde. Seit der Mitte des 15. Jahrhunderts hat man den militärischen Wert der Burg immer geringer eingeschätzt und beschränkte sich auf notdürftige Sicherungsmaßnahmen.

Frühe Neuzeit (1500–1700)

Spätestens seit der Wende zum 16. Jahrhundert hatte die Burg keinerlei Bedeutung mehr, sondern diente nur noch als Verwaltungssitz eines kleinen Amtes, das bei Vakanz aber auch von anderen Burgen aus, insbesondere vom nahen Neukastel, mitverwaltet wurde. Über eine Erstürmung der Burg im Bauernkrieg gibt es widersprüchliche Berichte, am heutigen Baubestand lassen sich jedoch keine Zerstörungsspuren mehr ablesen. Zwei im Text fast identische Inventare aus den Jahren 1581 und 1595, die fast nur noch wertloses Gerümpel verzeichnen, belegen eindeutig, dass die Burg nicht mehr bewohnt war. Im Jahr 1602 brannte der Trifels infolge eines Blitzschlages aus und wurde spätestens 1635 ganz aufgegeben. Im Jahr 1660 brach man auf herzoglichen Befehl den Fußbodenbelag aus der Kapelle. Nach einem Bericht aus dieser Zeit war die Anlage in ihrem Steinwerk noch gut erhalten, entbehrte aber der Bedachung und aller Holzteile. 1670 entfernte man aktenkundig aus dem eingefallenen hauptbaw 40 Sandsteinsäulen zur anderweitigen Verwertung. Im Detail ist das Schicksal der Burg im 17. und 18. Jahrhundert weitgehend unbekannt. Die Gebäude verfielen, beschleunigt wurde dieser Prozess durch die behördlich genehmigte Ausbeutung der Burg als „Steinbruch“ durch die Anwohner der umliegenden Ortschaften.

Der Trifels im 18. und 19. Jahrhundert

Vereinzelt seit dem 18., insbesondere seit dem Beginn des 19. Jahrhunderts war der Trifels das Sujet vieler bildlicher Darstellungen. Bei den meisten Bildern ist die Burg allerdings lediglich Staffage. Nur wenige Darstellungen können einer kritischen Prüfung standhalten und erweisen sich in der Abbildung der architektonischen Details als authentisch.
Die erste verlässliche Darstellung ist nach heutigem Kenntnisstand eine Anfang des 18. Jahrhunderts entstandene anonyme Rötelzeichnung, auf der nur noch Haupt- und Brunnenturm mit der Bogenbrücke intakt sind, während der Palas schon ziemlich in Verfall geraten zu scheint. Der Hauptturm schloss mit einer geraden Mauerkante über dem dritten Geschoss ab – wie das sichtbar große Rundbogenfenster beweist, bei dem es sich nur um das Westfenster der Kapelle handeln kann. Bis auf die Reste des Wachthauses waren bereits zu diesem Zeitpunkt keine weiteren Gebäude mehr erhalten.
Sehr detailliert und aufschlussreich ist eine kolorierte Handzeichnung von Friedrich Haenle, entstanden 1829, mit einer Gesamtansicht der Anlage von Osten nebst einem unmaßstäblichen Grundriss. Der schematischen und künstlerisch unbeholfenen Zeichnung ging es ersichtlich um eine grundsätzlich authentische Darstellung des vorhandenen Baubestandes. Die Ringmauer war größtenteils noch erhalten, der Palas weitgehend verfallen und die Mauerkrone des Hauptturmes auf sei-

ner Westseite eingestürzt. Von den übrigen Gebäuden ragten noch ein Mauerrest des unteren Tores und der Halbschalenturm aus der dichten Bewaldung heraus. Der Brunnenturm hatte in seinem oberen Teil bereits seine Quaderverkleidung eingebüßt, ein Bogen seiner ursprünglichen Brückenverbindung zum Burghof war zu diesem Zeitpunkt noch intakt.
Mit dem Jahr 1841 setzten von Seiten des bayerischen Staates – zu dem die Pfalz von 1815 bis 1945 gehörte – Bemühungen um die Erhaltung der Ruine ein. Unterstützt wurden die staatlichen Behörden ab 1866 vom Trifels-Verein, der heute noch tätig ist. Von den Restaurierungen des 19. Jahrhunderts haben sich nur wenige Spuren erhalten. Neben der mittleren Kopfkonsole am Kapellenerker sind hier besonders die Bogenbrücke zum Brunnenturm und dessen Zinnenkranz zu nennen, sowie die Erneuerung der äußeren Quaderschale auf der Westseite des Hauptturmes und im oberen Abschnitt des Brunnenturmes.

Der Ausbau im 20. Jahrhundert

Der heute so dominante Ausbau der Burg erfolgte auf Veranlassung von Ludwig Siebert, dem nationalsozialistischen Ministerpräsidenten von Bayern, der eine nationale Weihestätte schaffen wollte, die mit seiner Person verknüpft war. Mit diesem Ausbau beauftragte er 1937 den damaligen Leiter der Bauabteilung und späteren Präsidenten der bayerischen Schlösserverwaltung, Rudolf Esterer, der sich zuvor mit der Restaurierung der Nürnberger Burg und der Festung Marienberg in Würz-

Modell der Ruine nach Abschluss der Ausgrabungen 1937/38 von Osten

Modell des 1937 geplanten Endausbaues von Rudolf Esterer von Osten

burg einen Namen gemacht hatte. In den fünfziger und sechziger Jahren des 20. Jahrhunderts war Esterer auch mit der Restaurierung des Speyerer Domes befasst. Dem Ausbau des Trifels gingen in den Jahren 1937/38 umfangreiche Ausgrabungen voraus, die unter der Leitung von Friedrich Sprater, dem Direktor des Historischen Museums der Pfalz in Speyer standen. Zusätzlich beauftragte man den bekannten Burgenkundler Bodo Ebhardt – der selbst gehofft hatte, mit dem Ausbau betraut zu werden – mit der Erforschung der Baugeschichte.

Der ursprüngliche Plan Esterers sah neben dem Neubau des Palas und der Erhöhung des Hauptturmes eine Reihe weiterer Gebäude vor. Weisungsgemäß wollte Esterer den Trifels umwandeln zu einer national(sozialistisch)en Gedenkstätte, die organisch aus der Geländesituation heraus entwickelt und in die Landschaft eingepasst sein sollte. In seinem Ausbauplan wich Esterer in vielen Fällen ganz bewusst ab vom historischen Bauzustand: etwa beim zweigeschossigen Kaisersaal, bei dem ihm durchaus klar war, dass sich der große, repräsentative Saal der Stauferzeit ursprünglich nur über ein Geschoss erstreckt haben dürfte. Ebenso unmittelalterlich wie die gewaltige, von unsichtbaren Oberzügen gehaltene Balkendecke ist die monumentale Treppenanlage des Kaisersaales, die selbst im Außenbereich in staufischer Zeit keine Parallele hat.

Geprägt von den Ideen des Deutschen Werkbundes und der Heimatschutzbewegung gedachte Esterer seine architektonischen Vorstellungen mit einem mittelalterlich geschulten Handwerkspersonal umzusetzen. Zumindest äußerlich passen sich Esterers Neubauten in ihrem steinsichtigen Quaderwerk dem mittelalterlichen Bestand an. Während die Nachahmung der kissenförmigen stauferzeitlichen Buckelquader an der Außen-

Oben: Stauferzeitlicher Brunnenturm und Bogenbrücke von 1882
Unten: Frühgotische Tellerbasis
Zeichnungen vom Architekturbüro Bodo Ebhardt 1937

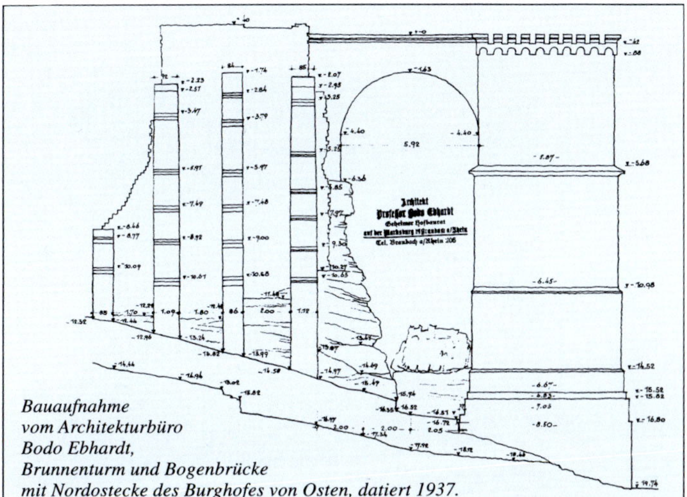

Bauaufnahme vom Architekturbüro Bodo Ebhardt, Brunnenturm und Bogenbrücke mit Nordostecke des Burghofes von Osten, datiert 1937.

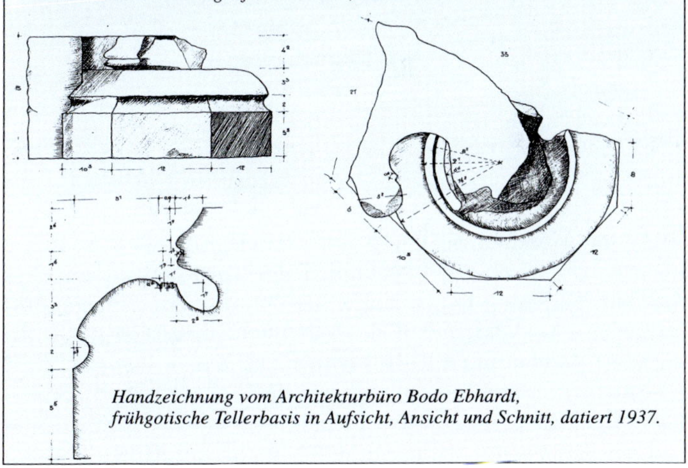

Handzeichnung vom Architekturbüro Bodo Ebhardt, frühgotische Tellerbasis in Aufsicht, Ansicht und Schnitt, datiert 1937.

seite des Palas durchaus gelungen scheint, steht die Bearbeitung der Steinhaut im Inneren mit ihrer bewusst grob gehaltenen Regelmäßigkeit dem mittelalterlichen Gestaltungswillen sehr fern. Ähnlich verhält es sich mit dem neu geschaffenen Bauschmuck, der sich zwar aus dem spätromanischen und frühgotischen Formenrepertoire bedient, aber ziemlich leblos wirkt. Bei der Bemessung der Proportionen der Hauptgebäude sah sich Esterer allerdings wissenschaftlich gedeckt von Friedrich Sprater, der wie erwähnt die Ausgrabungen von 1937/38 geleitet hatte. Dieser ging aufgrund einer zweifelhaften Interpretation einer frühneuzeitlichen Aktennotiz davon aus, dass der

Der Bau des neuen Palas um 1940 mit der Nordseite des stauferzeitlichen Hauptturmes

Palas ursprünglich drei und der Hauptturm vier Geschosse hoch gewesen sei. Die Verbindung der Turmkapelle mit dem darüber liegenden Raum durch die Öffnung des Ringschlusssteins des Kapellengewölbes nach oben entsprach ebenfalls Spraters Vorstellungen, die Esterer bei seiner Planung 1937 bereitwillig aufnahm. Nach einem 1940 von Esterer verfassten Konzept sollte an die Stelle des Raumes über der Kapelle „ein neuer symbolischer Weiheraum, der Raum des dritten Reiches treten, der sich über dem als Raum des alten Reiches weiterbestehenden ehemaligen Kapellenraum erhebt“. Friedrich Sprater war es auch, der die schon im späten 19. Jahrhundert vorgebrachte Idee aufgriff, Nachbildungen der Reichsinsignien im Hauptturm auszustellen, allerdings in dem Raum über der Kapelle. Ein Vorhaben, das seit den fünfziger Jahren des 20. Jahrhunderts nach und nach vom Trifels-Verein in die Tat umgesetzt wurde.

Bei Kriegsausbruch steckte das umfangreiche Bauvorhaben entgegen der Planung noch in den Anfängen. Obwohl Esterer mit Hilfe von Sprater eine Baueinstellung vermeiden konnte, war bei Kriegsende noch nicht einmal der Palas unter Dach,

Stauferzeitlicher Hauptturm mit Kapellenerker (Ausschnitt) und der 1938-46 neu erbaute Palas von Osten

dies geschah erst im Lauf der Jahre 1945/46. Diese Tatsache ist nicht so erstaunlich, wie es auf den ersten Blick scheint. Mit dem 8. Mai 1945 ‚hörte nicht alles auf', sondern das Leben organisierte sich nach den Wirren der letzten Kriegsmonate wieder neu – zunächst zwar auf ungesicherter wirtschaftlicher Basis, aber innerhalb der überkommenen Verwaltungsstrukturen. Für den Trifels war hier besonders die Institution des Landbauamtes wichtig, dem schon vorher die unmittelbare örtliche Bauaufsicht oblegen hatte und von dem nun der

Weiterbau ausging. Nach Gründung des Bundeslandes Rheinland-Pfalz im Jahr 1946 hat man den Trifels 1948 zusammen mit zahlreichen anderen Burgen und Kulturdenkmälern der „Verwaltung der staatlichen Schlösser" und seit 1998 in deren Nachfolge der Verwaltung „Burgen, Schlösser, Altertümer" im Landesamt für Denkmalpflege Rheinland-Pfalz unterstellt.

Reichskrone mit Apfel und Szepter

Im Lauf der Nachkriegsjahre wurde Rudolf Esterer von den politischen Instanzen wieder zur Begutachtung und Planung herbeigezogen. Auf eine in dem bereits erwähnten Konzept von Esterer noch 1940 über den salischen Mauerresten am Fuß des Brunnenturmes vorgesehene „Ehrenunterkunft für besonders verdiente junge Leute aus der Bewegung" hat man nach dem Zweiten Weltkrieg aus naheliegenden Gründen verzichtet – ebenso auf einen Turm auf der südlichen Felsspitze, der „als Ehrenmal für die Toten des Heeres und der Partei" gedacht war. Der dreigeschossig aufgebaute Palas machte eine Turmerhöhung zumindest aus Proportionsgründen notwendig, beides ist aber historisch nicht belegt.

Der heutige Trifels stellt bewusst keine Rekonstruktion einer mittelalterliche Burg dar. Der Ausbau des Trifels verdeutlicht vielmehr wie man in den dreißiger Jahren – unter der Herrschaft des Nationalsozialismus – seinen Gehalt und Symbolwert achtete und sich ihn für die politische Selbstdarstellung zunutze machte. Dem für den Entwurf verantwortlich zeichnenden Rudolf Esterer ist der politische Hintergrund keineswegs verborgen geblieben, wie man dem aktenkundlichen Schriftverkehr entnehmen kann, auch wenn er zuvorderst nur die Verwirklichung seiner architektonischen Vorstellungen im Sinn gehabt haben dürfte.

Wie sollen wir mit diesem Ausbau umgehen? Heute erscheint er selbst durchaus denkmalwürdig im Sinne einer Dokumentation – wie auch andere Bauten aus der Zeit des Nationalsozialismus, nicht zuletzt die ähnlichen Gestaltungsprämissen gehorchenden so genannten Ordensburgen. Auf jeden Fall darf man die politischen Hintergründe nicht vergessen, um dem Ausbau gerecht zu werden. Berücksichtigen muss man aber auch den seinerzeit nicht nur von Rudolf Esterer propagierten Begriff der „Schöpferischen Denkmalpflege", die sich zu eigenen Leistungen am historischen Bau durchaus berechtigt glaubte. Esterers Gestaltungskonzept gründete auf der spannungsreichen Verbindung von Burg und Landschaft. Von daher ist auch die historisch nicht belegbare Erhöhung des Hauptturmes zu verstehen, der zusammen mit dem monumentalen Palas das aus dichter Vegetationsdecke aufragende Felsriff quasi bekrönt.

Die Reichskleinodien

Die im Raum über der Kapelle ausgestellten Nachbildungen der Reichskleinodien wurden im Auftrag des Trifels-Vereins seit den 1950-er Jahren von dem Mainzer Professor Erwin W. Huppert geschaffen. Die Originale befinden sich seit 1800 in Wien, in der weltlichen Schatzkammer des Kunsthistorischen Museums.

Im Hochmittelalter, also vom 11. bis zum 13. Jahrhundert, wurden die Reichskleinodien, die auch immer Insignien der königlichen Herrschaft waren, mehrmals auf dem Trifels verwahrt, zumeist bei einer Thronvakanz, das heißt bis die Fürsten den nächsten König gewählt hatten, der dann mit den Insignien gekrönt wurde und diese anschließend als Zeichen der Hoheit in seinen Besitz nahm. Wenn er sie nicht auf seinen Umritten durchs Reich mit sich führte, überließ er sie einem Vertrauten zur Obhut.

Für einen längeren Zeitraum auf der Burg bezeugt sind die Insignien erst in der späten Stauferzeit – wo sie in einem Inventar aus dem Jahr 1246 detailliert aufgezählt werden – und im Interregnum, der Zeit nach dem Tod des letzten Stauferkönigs Konrad IV. im Jahr 1254, in der sich mehrere Bewerber um die deutsche Königskrone stritten und sich mitunter zur allgemeinen Anerkennung ihres Königtums rühmten, im Besitz des Trifels und der Reichsinsignien zu sein. König Rudolf von Habs-

burg, mit dessen allgemein anerkanntem Herrschaftsantritt das Interregnum beendet war, hat die Insignien 1274 auf seinen Stammsitz, die Kyburg in der heutigen Schweiz, gebracht. Unter seinem Nachfolger, König Adolf von Nassau, kehren sie ein letztes Mal von 1292 bis 1298 auf den Trifels zurück.
In der folgenden Zeit wurden sie von den jeweiligen Herrschern mal in München, mal in Prag oder auf der Burg Karlstein in Böhmen verwahrt, bis sie Kaiser Sigismund 1423 nach Nürnberg holte. Dort blieben sie – von Krönungszeremonien abgesehen, die ab dem Spätmittelalter immer in Frankfurt am Main stattfanden – bis zum Einmarsch französischer Truppen unter Napoleon 1796. Über Regensburg gelangten die Reichsinsignien schließlich im Jahr 1800 nach Wien. Die auf der Burg Trifels ausgestellten Nachbildungen stellen nur den wichtigsten Teil des Kronschatzes dar. Die herausragenden Stücke, die Krone und das Kreuz, sind im Original gleichzeitig auch die ältesten Insignien.
Die aus acht Platten zusammengefügte Reichskrone ist in ihrer Form einzigartig. Während der Plattenkorpus vermutlich in der Regierungszeit Ottos des Grossen (936–973) im letzten Drittel des 10. Jahrhunderts in einer westdeutschen Klosterwerkstatt angefertigt wurde, entstand der Kronenbügel erst unter der Regentschaft König Konrads II. (1024–1039), wie die Inschrift zweifelsfrei beweist. Das aufgesteckte Kreuz stammt ebenfalls erst aus salischer Zeit, ersetzt aber einen Vorgänger. Verloren gegangen sind die Schmuckanhänger, die so genannten Pendilien, sowie die Aufsätze über der Nackenplatte und den Schläfenplatten. Die Originalkrone besteht aus Gold mit applizierten Emailleplättchen und Edelsteinen, die in den Jahren 1956–58 geschaffene Nachbildung aus vergoldetem Silber.
Das Reichskreuz war gleichzeitig ein Behältnis für die wertvollsten Reliquien des Kronschatzes: die Heilige Lanze und ein Partikel des Heiligen Kreuzes. Laut Inschrift entstand das Kreuz unter König Konrad II. bald nach 1024, vielleicht in der Werkstatt des Benediktinerklosters Fulda. Der Korpus des Originals wie auch der 1979 fertiggestellten Kopie bestehen aus zwei Eichenholzbalken, die mit Goldblech beschlagen und mit Edelsteinen verziert sind.
Das Reichsschwert dürfte ebenfalls in salischer Zeit hergestellt worden sein, darauf deuten die Reliefdarstellungen auf der mit Gold beschlagenen Schwertscheide. Diese Nachbildung entstand in den Jahren 1988/89. Als einziges Stück der Reichsinsignien fand das Reichsschwert nach dem Ende des Heiligen Römischen Reiches Deutscher Nation im Jahr 1806 nochmals

Reichsschwert

Reichskreuz

Verwendung bei zwei Krönungen und einigen anderen Zeremonien der Habsburger Monarchie.
Der Reichsapfel wurde gegen Ende des 12. Jahrhunderts vermutlich im Rhein-Maas-Gebiet geschaffen. Die Kugel mit dem aufgesteckten Kreuz symbolisiert die Herrschaft Christi über die Welt. Ein einfach gehaltener Vorläufer fand sich im Grab des Salierkaisers Heinrich III. im Speyerer Dom und ist heute im dortigen Diözesanmuseum ausgestellt. Die Kugel des Originals wie der 1966–69 entstandenen Nachbildung besteht aus einer mit Goldblech verkleideten Harzmasse.
Das Szepter ist die kurze Ausführung eines Herrscherstabes, dessen sakrales Pendant der Bischofsstab darstellt. Erstmals erwähnt wird das Szepter in einem Inventar des Jahres 1350. Seine kantige Form gehorcht eindeutig gotischen Gestaltungsidealen und lässt auf eine Entstehung in der ersten Hälfte des 14. Jahrhunderts schließen. Im Gegensatz zu den bereits erwähnten Insignien besteht das Szepter auch im Original nur aus vergoldetem Silber. Die Nachbildung wurde in den Jahren 1966–69 geschaffen.

Bautechnik im Mittelalter

Um 1200 bestanden fast alle Wohnhäuser noch aus Holz oder Fachwerk. Nur der König und der hohe Adel sowie der größtenteils aus ihm entstammende hohe Klerus konnten sich Steinbauten leisten, die oftmals noch hölzerne Aufbauten und äußere Holztreppen aufwiesen. Erst im Verlauf des 13. Jahrhunderts änderte sich die Situation grundlegend. Nun waren auch breite Adelsschichten wirtschaftlich in der Lage, sich Burgen als Statussymbole zu leisten. Vor diesem Hintergrund muss man den Trifels der Stauferzeit mit seiner prachtvollen und teuren Ausstattung sehen. Besondere Beachtung verdient von daher schon die große salierzeitliche Anlage des 11. Jahrhunderts. In der ersten Hälfte des 13. Jahrhunderts war der Trifels mit der eindrucksvollen Buckelquaderverkleidung seiner Kernbauten und der in gleicher Technik zumindest begonnenen Ringmauer ein Vorbild für die Gestaltung von Adelsburgen im südwestdeutschen und elsässischen Raum.

Mauerwerkstechnik

Das Mauerwerk der mittelalterlichen Gebäude und Wehrmauern auf dem Trifels ist wie bei fast allen vergleichbaren Bauwerken grundsätzlich in Schalenkonstruktion ausgeführt – unabhängig davon, ob es sich um kleinsteiniges Mauerwerk

Mittelalterliche Baudarstellung aus der Weltchronik des Rudolf von Ems, 1383 (Stuttgart, Württembergische Landesbibliothek, Cod. Bibl. 2°5. fol. 9 v. – Bi 537)

der Salierzeit, um große stauferzeitliche Buckelquader oder um spätmittelalterliches Kleinquaderwerk handelt. Dabei bestehen die beiden äußeren Schalen aus jeweils mehr oder weniger großen Quadern und der Mauerkern aus einer Mischung von Gesteinsbrocken und Kalkmörtel. Man mauerte zuerst die äußeren Quaderschalen bis zu einer gewissen Höhe und verfüllte dann den entstandenen Zwischenraum. Im Gegensatz beispielsweise zur Praxis in der Renaissance, wo dem fertigen und konstruktiv allein tragenden Ziegelkern die Marmorverkleidungen nur vorgesetzt wurden, sind die Quaderschalen also nicht dem Kern vorgeblendet, sondern konstruktiv notwendig für die Entstehung der Mauer.
Manchmal kann auch der anstehende Fels als rückwärtige Mauerschalung dienen, wobei oftmals auf eine zusätzliche Verankerung der Mauer im Felsen verzichtet wurde. Auf dem Trifels hat man den unteren Bereich von Hauptturm und Palas sowie den stauferzeitlichen Teil der Ringmauer in dieser Technik errichtet. Diese recht labile Konstruktion dürfte vermutlich auch die Ursache für den vorzeitigen Verfall des Palas gewesen sein.
Während bei antiken Repräsentationsbauten die zumeist mörtellos versetzten Großquader von allen sechs Seiten rechtwinklig behauen wurden, war im früh- und hochmittelalterlichen Mauermassenbau bei großen Quadern in der Regel nur die

Vorderseite exakt behauen, die Ober- und Unterseite dagegen nur grob waagrecht abgearbeitet, so dass die Quader durch ein Mörtelbett ausgerichtet werden mussten. Zudem waren die Quader unterschiedlich tief, so dass auf der Innenseite keine glatte Hülle, sondern eine wechselseitige Verzahnung der Quaderschale mit dem Mauerkern entstand.

Buckelquader

Besonders beachtenswert am Trifels erscheinen die höchst qualitätvoll gearbeiteten Buckelquader, mit denen Hauptturm, Palas, Brunnenturm und die stauferzeitlichen Teile der Ringmauer auf der Außenseite verkleidet sind. Buckelquader waren schon in der Antike verbreitet, wobei die Buckel zumeist nicht geglättet, sondern als grob beschlagene Rohform, als ‚Bosse', stehen blieben. Möglicherweise hat man die Buckelquaderverkleidung in der ersten Hälfte des 12. Jahrhunderts in den Kreuzfahrerstaaten im Nahen Osten wieder aufgegriffen, da dort die römischen Überreste noch weitaus zahlreicher vorhanden waren als in Deutschland. Hier kommen sie ab der ersten Hälfte des 13. Jahrhunderts bevorzugt im Südwesten des Reiches unter staufischer Herrschaft vor, wobei es nur wenige gesicherte Beispiele gibt, die vor 1200 entstanden sind. Die Funktion der Buckelquader darf man wohl nicht im Praktischen, sondern in ihrer rustikal-kraftvollen Wirkung sehen. Das oftmals angeführte Argument der Arbeitsersparnis bei der Herstellung trifft zwar bei den nur grob behauenen Bossenquadern zu, nicht aber bei den äußerst arbeitsaufwendig gestalteten kissenförmigen Buckeln, wie man sie am Trifels und an vielen anderen Burgen findet.

Steintransport

Der Transport der möglichst in nächster Nähe gebrochenen Steine auf die Baustelle und anschließend auf die Mauer erfolgte mittels großer Holzkräne, die mit Treträdern ausgerüstet waren. Flaschenzüge konnten die Lasten halbieren und vierteln, so dass auch die damaligen Hanfseile der Beanspruchung gewachsen waren. Beim Trifels bot die steil aufragende südliche Felsspitze ideale Voraussetzungen für die Aufstellung eines Arbeitskranes, um die direkt am Berg gebrochenen Steine auf das Felsplateau hochzuziehen. Während kleinere Steine in Körben, Kisten oder Schütten transportiert wurden, hat man die großen Quader einzeln aufgezogen. Die einfachste Methode war die Umschlingung mit einem Seil. Man bediente sich auch der Hilfe von Hebegeschirren, die in Löcher eingriffen,

Steinhebewerkzeuge
links: der „Wolf“
rechts: die Steinzange

die man zuvor in den Stein geschlagen hatte. Zum einen wurde die Steinzange verwendet, die den Stein quasi von zwei Seiten einklemmte, zum anderen der so genannte Steinwolf, der aus einem Keil bestand, der zumeist in die Oberseite des Quaders eingriff oder aus zwei beweglichen Schenkeln, die sich beim Hochziehen durch Spreizwirkung in einem gespreizten Steinloch verklemmen. Am Hauptturm des Trifels besitzen eine ganze Reihe von Quadern Wolfslöcher erstaunlicherweise nicht – wie zu erwarten wäre – auf der Oberseite, sondern auf der Ansichtsseite. Vermutlich hat man die im Steinbruch nur grobe vorgearbeiteten Quader erst auf dem Burghof fertiggestellt. Dabei konnte es passieren, dass mancher Stein gedreht wurde und das vom ersten Transport auf den Burghof noch herrührende Wolfsloch beim endgültigen Einbau auf der Vorderseite lag.
Bei den heute mit Mörtel verfüllten quadratischen Löchern, die man auf der Südseite des Hauptturmes paarweise in jeder sieben bis achten Steinschicht beobachten kann, handelt es sich um Gerüstlöcher, in denen ursprünglich Gerüststangen steckten, die nach Bauabschluss abgesägt wurden und zwischenzeitlich vergangen sind. Nach neuesten Forschungen gehörten die in die Mauer einbindenden Stangen zu einem selbstständig tragenden Auslegergerüst.

Steinmetzzeichen

Manche Quader auf der Südseite des Turmes sind mit einfachen Zeichen versehen, die man Steinmetzzeichen nennt.

Stauferzeitlicher Hauptturm, Südfassade, Detail mit Steinmetzzeichen

Bereits römische Bauten, wie beispielsweise die gegen Ende des zweiten Jahrhunderts entstandene Porta Nigra in Trier, weisen Buchstabenbezeichnungen auf, mit denen man die Herkunft der einzelnen Quader aus den verschiedenen Steinbrüchen vermerkte. Vermutlich dienten diese Zeichen zur Abrechnung, möglicherweise fungierten sie zugleich als Versatzmarken. Ähnliches dürfen wir von den mittelalterlichen Steinmetzzeichen annehmen, die seit der Mitte des 12. Jahrhunderts an deutschen Bauten nachweisbar sind. Bei den älteren Zeichen handelt es sich zumeist um simple Symbole – Buchstaben, Lilien, Pfeile und ähnliches – die im Lauf des späten 12. und frühen 13. Jahrhundert einfachen geometrischen Figuren Platz machten und im 14. Jahrhundert durch komplexere, gebrochene Formen ersetzt wurden. Am Trifels finden wir Steinmetzzeichen in reichhaltiger Form auf der Südseite des Hauptturmes sowie besonders im Vorraum der Kapelle, wogegen die übrigen Räume aufgrund der Steinerosion und der häufigen Restaurierungsmaßnahmen kaum noch Zeichen erkennen lassen. Während die wenigen originalen Quader des staufischen Palas eine ganze Reihe von Zeichen aufweisen, scheint der Brunnenturm von Anfang an kaum Steinmetzzeichen besessen zu haben.

Stauferzeitlicher Brunnenturm mit 1882 rekonstruierter Bogenbrücke zum Burghof von Südosten

Der Rundgang ist so ausgearbeitet, dass der Besucher die Burganlage erst von außen kennen lernt, anschließend wird er durch die Innenräume von Hauptturm und Palas geführt und zwar erst durch den stauferzeitlichen Teil des Hauptturmes und dann durch den neuen Ausbau des Palas und das neue vierte Turmgeschoss.

Stauferzeitlicher Hauptturm mit neuem vierten Turmgeschoss von 1964-66, neuer Palas von 1938-46 (teilweise verdeckt), gotisches Wachthaus des 14. Jh. und erstes Kastellanshaus von 1954/55 von Süden

Brunnenturm

Der heutige Aufgang könnte dem mittelalterlichen Weg entsprochen haben. Auf dem Berg angekommen, erblickt der Besucher als erstes den knapp 20 Meter hohen und mit Buckelquadern verkleideten Brunnenturm aus dem zweiten Viertel des 13. Jahrhunderts, den eine Bogenbrücke von 1882 mit dem Burghof verbindet. Die vermauerte Rechtecktür im unteren Abschnitt wurde 1880 eingebrochen, als man die verstopfte, insgesamt fast 80 Meter tiefe Brunnenröhre wieder freilegte. Der Brunnenturm des Trifels ist in Deutschland ohne Vorbild und hat nur wenige Nachfolger gefunden, und zwar in den so genannten Danskern der Burgen des Deutschen Ordens, die aber in fast allen Fällen nicht der (Wasser-)Versorgung, sondern, in fließende Gewässer hineingebaut, der (Fäkalien-)Entsorgung dienten.

Aufgangsweg

Unter der Brücke hindurch führt der Weg nach oben. Die niedrige Begrenzungsmauer aus den sechziger Jahren des 20. Jahrhunderts mit der halbrunden Ausbuchtung auf halber Strecke markiert als Aufmauerung einen spätmittelalterlichen Geschützturm mit anschließenden Mauerresten, der im 15. Jahrhundert als notdürftige Befestigung diente.

Reste der salierzeitlichen Burganlage

Linker Hand auf dem abfallenden Berghang liegen die Reste einer salierzeitlichen Burganlage aus dem mittleren 11. Jahrhundert, die bei den Ausgrabungen von 1937/38 vollständig freigelegt wurde, inzwischen aber wieder unter einer dichten Vegetationsdecke verschwunden ist. Der beiliegende Grundriss verdeutlicht ihren großflächigen Umfang, der nicht untypisch ist für adlige Burgen in dieser Zeit. Es handelt sich um einen durchgehenden, auf zirka 140 Meter Länge parallel zum östlichen Abhang verlaufenden Mauerzug, in den mehrere Quermauern einbinden oder anstoßen. Zu diesen Mauern könnte

noch ein kleiner Mauerrest auf der Westseite der Burg unterhalb des Hauptturmes gehören. Die exponierte Hanglage mit langem unpraktischen Aufgangsweg und die aufwändige Gestaltung, die sich in der mühseligen Steinbearbeitung der Mauerquader niederschlägt, bezeugen eine repräsentative Burganlage, die mit den entsprechenden Anlagen des Hochadels konkurrieren konnte. Als Bauherren kommen deshalb nur die Angehörigen herrschender Häuser in Frage, und es ist durchaus gerechtfertigt, diese Rolle den Saliern zuzuweisen.

Unteres Burgtor

Nach einer Kehre steht – noch vor dem heutigen Kassenhaus – das untere Burgtor, bei dem mehrere Bauphasen nachweisbar sind. Der talseitige Unterbau dürfte aus dem 14. Jahrhundert stammen. Das westliche Gewände mit den großen gepickten Quadern ist eine Erneuerung der Zeit um 1500. Die eingehauenen Löcher und die schräge Nut dienten zur Aufnahme mächtiger Balken, mit denen das Tor gesichert werden konnte. Das östliche Gewände ist durch die eingemeißelte Jahreszahl „1569“ datiert. Der runde Torbogen und das darüber sitzende Mauerwerk sind freie Ergänzungen aus den fünfziger Jahren des 20. Jahrhunderts. Eine sichelförmige Aussparung auf der Innenseite der Torflanke rührt von einem Gewölbeansatz her und zeigt, dass wir es in der letzten, frühneuzeitlichen Bauphase mit einem ehemals zweigeschossigen Torhaus zu tun haben.

Torweg

Der vielleicht schon vor 1300, spätestens aber in der ersten Hälfte des 14. Jahrhunderts angelegte Torweg wurde ebenfalls erst 1937 freigelegt. Hinter dem Kassenhaus, am Fuß des steil aufragenden Felsens hat man vielleicht schon in staufischer Zeit zwei flache Zisternenbecken aus dem Stein geschrotet, die wohl als Viehtränke dienten. Gespeist wurden sie vom Burghof aus durch eine noch vorhandene, in den Felsen gehauene Rinne auf der Westseite des Torwegs.

Oberes Tor

Auf halber Strecke des Torwegs steht das obere Tor, dessen Rundbogen ein Rekonstruktionsversuch aus dem Jahr 1951 ist. Wiederum bezeugt die in das westliche Gewände eingemeißelte Jahreszahl „1569“ nur eine letzte Sicherungsmaßnahme. Die hinter dem Tor ansetzende spätmittelalterliche Ringmauer ist ungefähr zweieinhalb Jahrhunderte älter, wurde aber in den fünfziger Jahren des 20. Jahrhunderts deutlich erhöht.

Südlicher Burghof

Der Torweg mündet am Fuß des Hauptturms in den Burghof. Das dreigeschossige Kastellanshaus aus den Jahren 1954/55 gründet hangseitig auf einem Rest der staufischen Ringmauer. Hinter dem Kastellanshaus läuft der südliche Burghof spitz zu und leitet über eine kleine Steinbrücke auf die Felsspitze über. Diese sowie die nicht mehr zugängliche Felsnase weisen deutliche Spuren von Pfostenlöchern und Einarbeitungen auf, die von verschwundenen Fachwerkbauten herrühren.

Stauferzeitlicher Kapellenerker auf der Ostfassade des Hauptturmes

Hauptturm

Der um oder kurz vor 1190 entstandene Hauptturm ist der kunsthistorisch bedeutendste Bau des Trifels. Nach der Aufstokkung der Jahre 1964–66, die bereits 1938 geplant gewesen war, ist er heute zirka 32 Meter hoch (vom Burghof aus gemessen) und besitzt vier Geschosse, von denen die drei unteren noch aus staufischer Zeit stammen – erkennbar an der etwas blasseren Steinfarbe. Mehr als ein Drittel seiner ursprünglichen Höhe besteht aus gewachsenem Felsen, der nur mit Buckelquadern verkleidet wurde. Durch diesen Kunstgriff hat man bewusst die monumentale Wirkung des Turmes gesteigert. Hauptschauseite war die Ostfassade mit dem prachtvollen Kapellenerker, der im Inneren die Apsis der Kapelle aufnimmt und damit nach außen plastisch deutlich machte, dass der Turm – im eigentlichen Sinne auch immer ein Herrschaftssymbol – gleichzeitig ein Gotteshaus war. Von daher erscheint es durchaus möglich, dass die Kopfmasken, die den Erker tragen und von denen die beiden äußeren noch original sind, religiöse Bedeutung haben. Auch bei der stark verwitterten Plastik, die das kleine Kegeldach über dem vorkragenden Traufgesims bekrönt, kann man von einem sakralen Hintergrund ausgehen. Es handelt sich vermutlich um eine Löwin, die ein kleineres Tier in ihrem Maul hält und scheinbar rittlings auf einer menschlichen Büste sitzt.

links:
Stauferzeitlicher Hauptturm mit Resten des stauferzeitlichen Palas vor dem Beginn des Palasneubaues 1938 von Nordosten

rechts:
Stauferzeitlicher Hauptturm, neuer Palas von 1938-46 und Aufgangsweg von Nordosten

Ursprünglich sollte der Turm frei stehen, denn seine Nordfassade war komplett mit sorgfältig bearbeiteten Buckelquadern verblendet – eine aufwendige Maßnahme, die man sich gespart hätte, wenn von Anfang an ein Palasanbau vorgesehen gewesen wäre. In staufischer Zeit war der Turm mit ziemlicher Sicherheit nur dreigeschossig. Als Dachabschluss darf man sich möglicherweise ein Pyramidendach vorstellen. Vielleicht besaß der Turm aber auch eine offene Plattform mit Zinnenkranz. Im Spätmittelalter scheint er den Ausgrabungsbefunden von 1937 zufolge einen zusätzlichen Fachwerkaufbau getragen zu haben.

Palas

Der Palas ist bis auf Fragmente seiner Außenmauern ein völliger Neubau der Jahre 1938–46. Verbürgt ist nur der trapezförmige Außenumfang und die Tatsache, dass er nachträglich an den schon bestehenden oder im Bau befindlichen Hauptturm angesetzt wurde. Wie der Hauptturm bestand der Palas in seinem unteren Teil aus dem ummantelten Felsen. Seine heutige Höhe von zirka 27 Metern mit drei Vollgeschossen entspricht höchstwahrscheinlich nicht dem staufischen Zustand, der nur zwei Hauptgeschosse (wohl mit nach Norden abgewalmtem Satteldach) umfasst haben dürfte.

Die neben der 1937/38 ergrabenen Bauplastik bedeutendsten Überreste des staufischen Palas sind der Abortschacht an der Südwestecke mit seiner portalartigen Ausflussöffnung sowie ein Rundbogenportal an der Nordostecke – ursprünglich nur

Rekonstruktion des nachweisbaren stauferzeitlichen Baubestandes gegen Ende des 1. Drittel des 13. Jh.; Gesamtansicht von Südosten, Zeichnung: B. Meyer 2000

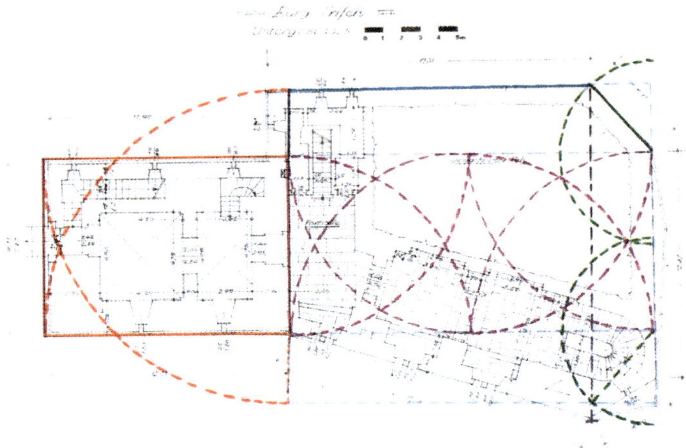

Geometrisches Konstruktionsschema des Grundrisses von Hauptturm und Palas, Zeichnung: B. Meyer, 2000

ein Kellereingang, heute als rückwärtiger Zugang in den neuen Palas dienend.

Der polygonale Grundriss des staufischen Palas hat sich nicht zufällig ergeben, sondern orientiert sich in seinen Maßen am Hauptturm, dessen Kantenlängen mit 9,20 Meter auf 12,70 Meter ein Verhältnis von 3 : 4 aufweisen. Der Palas ist doppelt so lang wie der Turm breit und sein Breitenmaß durch das Längenmaß des Turmes bestimmt. Der Entwurf mittelalterlicher Bauten gehorchte nicht nur aus praktischen Gründen – denn es gab bis ins 13. Jahrhundert hinein keine maßstäblich verkleinerte Planzeichnung – geometrischen Schemata, denen ein am regional unterschiedlichen Fußmaß orientierter Maßstab zugrunde lag. Demzufolge spiegelt der Grundriss des Trifels das Bemühen wider, das unregelmäßige Felsgelände einer maßstäblichen Ordnung zu unterwerfen, wobei man davon ausgehen kann, dass man das System auch auf die Höhenmaße übertragen hat.

Während die ursprüngliche Aufteilung und Funktion des Untergeschosses ungeklärt bleiben, wird sich der große Saal des Palas mit ziemlicher Sicherheit im darüber liegenden Geschoss befunden haben. Die Analyse der 1937 gefundenen Bauplastik hat gezeigt, dass der staufische Palas in mehreren Etappen errichtet wurde. Die Bauzeit zog sich mit Unterbrechungen über mindestens vierzig Jahre hin: von zirka 1190 bis nach 1230. Den großen, repräsentativen Saal scheint man erst um 1230 in Angriff genommen zu haben. Die einheitliche Bauplastik - heute im vierten Turmgeschoss ausgestellt – belegt,

oben:
Bei einer Ausgrabung 1935 freigelegte Entnahmeröhre der Zisterne des 12. Jh. zwischen Hauptturm und Wachthaus von Norden (Grube heute wieder verfüllt, Röhre erhalten und ergänzt)

rechts:
Abortschacht des stauferzeitlichen Palas mit portalartiger Abflussöffnung von Süden vor dem Neubau des neuen Palas (derzeit nicht zugänglich)

dass der Saal gewölbt war – zumindest hatte man eine Wölbung vorgesehen. Die verhältnismäßig wenigen bauplastischen Fundobjekte, die von Fensteröffnungen herrühren, scheinen darauf hinzudeuten, dass der frühgotische Trifels-Palas keine großartige Fensterarkatur besaß. Das Hauptaugenmerk lag auf der inneren Ausstattung.

Der kleine Vorhof mit Wachthaus und Zisterne

Der originale Eingang zu Hauptturm und Palas ist nur über eine Freitreppe zu erreichen, die auf einen kleinen Vorhof führt, der vom Hauptturm und den Resten des so genannten Wachthauses eingefasst wird. Die seitlichen Hofmauern sind freie Ergänzungen aus den sechziger Jahren des 20. Jahrhunderts. Nach der bereits erwähnten Zeichnung aus dem beginnenden 18. Jahrhundert muss zumindest die Ostmauer wesentlich höher gewesen sein und direkt neben dem Turmeingang eine rundbogige Tür besessen haben. Dafür spricht auch die

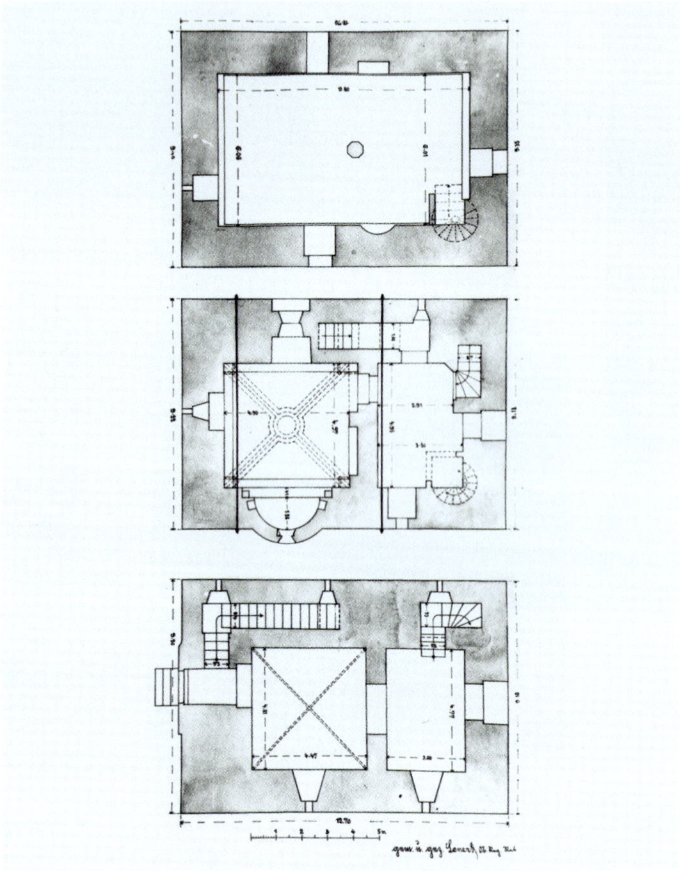

Stauferzeitlicher Hauptturm, Grundrisse der drei originalen Geschosse, Zeichnung von Bodo Ebhardt 1936

glatte Abarbeitung der östlichen Umrahmung des Turmportals. Das wahrscheinlich im 14. Jahrhundert entstandene Wachthaus war mindestens zweigeschossig und fast doppelt so breit. Das Spitzbogenportal war somit eine Innentür. In der Mitte des Hofes ragt die Entnahmeröhre einer Zisterne aus dem 12. Jahrhundert hervor, die nicht mehr in Betrieb ist. Zu der Zisterne gehörte eine in den Felsen gehauene Grube, die man im Verlauf einer kleinen Grabung im Jahr 1935 freigelegt und danach wieder zugeschüttet hat.

Die Innenräume des staufischen Hauptturmes

Das Innere des Hauptturmes ist bestimmt vom steinsichtigen Mauerwerk aus sauber versetzten glatten Quadern. In mittelalterlicher Zeit dürften die bis heute mehrfach restaurierten

Gewölbe verputzt und die weitgehend originalen Wände vermutlich rot lasierend getüncht gewesen sein.

Untergeschoss

Direkt hinter dem Turmportal zweigt eine schmale Treppe in der Westmauer nach oben ab. Das untere Turmgeschoss besitzt zwei Räume, die mit tief ansetzenden Kreuzgratgewölben gedeckt und durch einen unverschließbaren Rundbogendurchgang miteinander verbundenen sind. Beide Räume werden von je einem kleinen Rundbogenfenster schwach erhellt. Im hinteren Raum führt eine zweite Mauertreppe in der West- und Nordwand in das Kapellengeschoss. Die Teilung des Untergeschosses in zwei Räume ist dem Baubefund nach erst im Zuge einer Planungsänderung erfolgt. Warum man sich erst während des Baues dazu entschlossen hat, bleibt offen. Konstruktiv war die untere Trennwand auf jeden Fall notwendig für die darüber sitzende Wand im zweiten Geschoss zwischen Kapelle und Vorraum. Wegen der fehlenden Heizmöglichkeit kann man beide Räume im Untergeschoss als eine Art Torhalle anspre-

Stauferzeitlicher Eingang des Hauptturmes mit ergänzter Entnahmeröhre der Zisterne des 12. Jh.

Stauferzeitlicher Hauptturm, 1. Geschoss, nördlicher Raum mit dem nachträglich eingefügten zweiten Treppenaufgang in der Turmwestwand

chen, zumal es sich der ursprünglichen Planung nach wohl um nur einen Raum gehandelt haben dürfte.

Treppen

Die beiden Treppenanlagen in der Mauerdicke des Hauptturmes haben die Forschung stets fasziniert und zu verschiedenen Deutungen herausgefordert. Ursprünglich war nur der vordere Treppenlauf direkt hinter dem Eingang vorgesehen, wie die unterschiedlich dicken Mauern im Grundriss deutlich zeigen. Der hintere Treppenlauf wurde erst nachträglich in die bereits mannshoch anstehenden Turmmauern eingebaut – gleichzeitig mit der Teilung des Untergeschosses in zwei Räume. Treppen in der Mauerdicke sind zwar eine Seltenheit im königlichen Burgen- und Pfalzenbau – trotzdem ist der Trifels im späten 12. Jahrhundert kein Einzelfall im Reichsgebiet. Solche Treppenanlagen finden sich in den Königspfalzen Gelnhausen

Stauferzeitlicher Hauptturm, Grundriss 1. Geschoss, Bauphase 1: Planung und Baubeginn ohne die zweite Treppenanlage und vermutlich zunächst ohne Unterteilung des Raumes, Planung ausgeführt bis in mindestens 1,8 m Höhe, Zeichnung: B. Meyer 2000

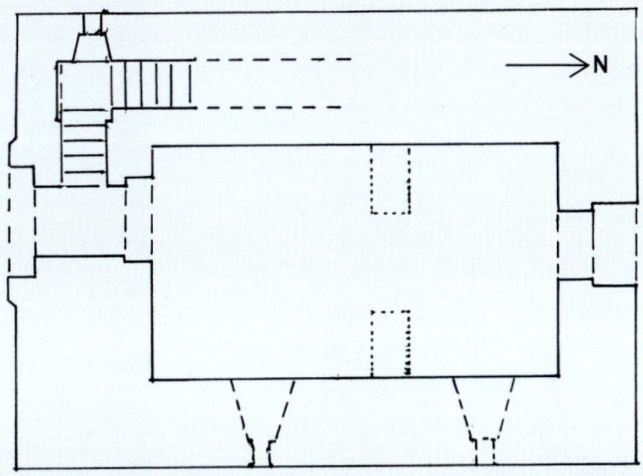

Stauferzeitlicher Hauptturm, Grundriss 2. Geschoss, Bauphase 2, Variante A mit nur einem Treppenlauf: Planung ohne Durchgang zum Palas in der Turmnordwand, Planung der Kapelle noch ohne Kreuzrippengewölbe und Blendbogengliederung der Nordwand, Zeichnung: B. Meyer 2000

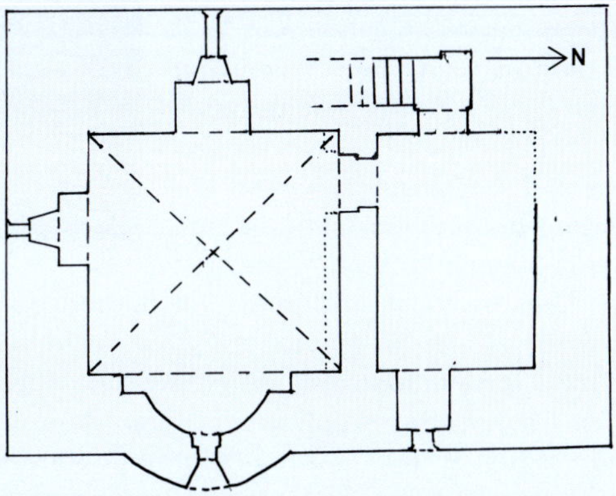

Stauferzeitlicher Hauptturm, Grundriss 2. Geschoss, Bauphase 2, Variante B mit zwei Treppenläufen (Austritt des zweiten Treppenlaufes in dieser Form nicht ausgeführt): Planung ohne Durchgang zum Palas in der Turmnordwand, Planung der Kapelle noch ohne Kreuzrippengewölbe und Blendbogengliederung der Nordwand, Zeichnung: B. Meyer 2000

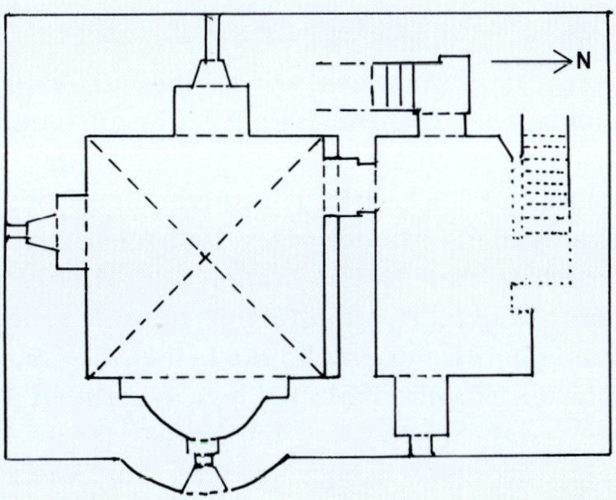

und Kaiserswerth sowie in der Kapelle der Nürnberger Burg. Über beide Mauertreppen gelangt man ins zweite Turmgeschoss, in den Vorraum der Kapelle.

Stauferzeitlicher Hauptturm, 2. Geschoss, Vorraum der Kapelle, Nordostecke mit dem teilweise ausgebrochenen Mantel eines Kamins

Kapellenvorraum

Der Raum ist bei relativ geringer Grundfläche verhältnismäßig hoch und mit einer Tonne gewölbt, in die Stichkappen einschneiden. Erhellt wird der Vorraum von einem kleinen Rundbogenfenster in der Ostwand. In der Südwand liegt der rundbogige Eingang zur Kapelle, verschlossen durch eine schmiedeeiserne Gittertür. Während der Ausgang des ersten Treppenlaufes durch einen einfachen Rundbogen in der Westwand erfolgt, endet der zweite, nachträglich angelegte Treppenlauf in einem Mauervorsprung der Nordwand, wobei die gesamte Konstruktion verwinkelt ist und einen wenig durchdachten Eindruck hinterlässt. Dies bestätigt nochmals den Befund im Untergeschoss, dass die zweite Treppe ursprünglich nicht vorgesehen war, und man ihre Anlage nur unter großen Mühen in die bestehende Grundrisskonzeption einfügen konnte. Direkt neben dem zweiten Treppenausgang führt eine stauferzeitliche Tür mit gestuftem Rundbogen in den so genannten Kaisersaal des neuen Palas. Auch dieser Durchgang wurde in die bereits bestehende Nordwand des zu diesem Zeitpunkt noch freistehenden Turmes nachträglich eingebrochen. Der Türdurchbruch beweist, dass man sich erst zu diesem Zeitpunkt entschlossen hatte, an den Turm einen Palas anzubauen, den man direkt mit dem Kapellengeschoss verbinden wollte.
In der Nordostecke des Kapellenvorraumes durchstößt der teilweise ausgebrochene Mantel eines wahrscheinlich ebenfalls erst nachträglich eingebauten Kamins das Deckengewölbe. Dessen Schornstein führte ursprünglich durch den darüber liegenden Raum übers Dach. Der Kamin belegt, dass der Vorraum trotz seiner vier Türöffnungen für den dauernden Aufenthalt einer Wache vorgesehen war. Ihr Schutz dürfte nicht der Kapelle selbst gegolten haben, sondern den dort zumindest zeitweise aufbewahrten Reichsinsignien.

Kapelle

Die Kapelle ist der kunsthistorisch interessanteste Teil der gesamten Burganlage, steht dem Besucher aber nur im Rahmen einer Führung offen. Der quadratische Raum wird von einem hohen Kreuzrippengewölbe überspannt. Auf der Ostseite befindet sich die halbrunde Apsis mit kleinen Rundbogenfenstern, die auf der Außenseite als Erker hervortritt. Ein weiteres, großes Rundbogenfenster in der Westwand macht die Kapelle zum hellsten Raum des Turmes. Der heutige Altar stammt aus dem Jahr 1960. In den Chorbogen der Apsis ist ein Rundwulst eingelegt, der ursprünglich auf zwei, schon im 19. Jahrhundert verschwundenen Säulen ruhte, von denen sich aber noch die beiden Basen erhalten haben. Auch die mächtigen Kreuzrippen standen – optisch, nicht konstruktiv – früher auf vier Ecksäulen, die mitsamt ihren Kapitellen und Basen ebenfalls nicht mehr existieren.

Stauferzeitlicher Hauptturm, 2. Geschoss, Kapelle, Ostwand mit Apsis

Der Nordwand der Kapelle ist eine Blendgliederung mit zwei großen Rundbogennischen vorgelegt. Die Blendbögen gehören wegen der beiden gemeinsamen Kämpfersteine zu dem Kreuzrippengewölbe. Die Kämpfersteine – und damit das Rippengewölbe und die beiden Blendnischen – dürften nachträglich in die schon bestehende Kapelle eingesetzt worden sein. Manches spricht dafür, dass dies geschah, als man das zweite Geschoss fast vollendet und das dritte noch nicht begonnen hatte.

Stauferzeitlicher Hauptturm, 2. Geschoss, Kapelle, Deckengewölbe mit Kreuzrippen und Ringschlussstein

Die Gewölberippen laufen in einem Ringschlussstein zusammen, der im Zuge des Ausbaues im Jahr 1937 zu dem darüber liegenden Raum (wieder?) geöffnet wurde. Die dadurch entstandene Verbindung kann sich allerdings nicht – wie die Forschung bislang meint – auf einen originalen Baubefund berufen, sondern basiert auf einer zweifelhaften Interpretation einer Schriftquelle aus dem frühen 19. Jahrhundert. Zudem nimmt der seit 1966 stark veränderte Raum über der Kapelle in seiner Gliederung, beispielsweise der Fensterachsen, keinerlei Rücksicht auf die Öffnung, die natürlich auch nicht mittig im Raum sitzt, sondern deutlich in die Südostecke gerückt ist. Die baulichen Befunde deuten eher darauf, dass ursprünglich keine Verbindung zwischen der Kapelle und dem darüber liegenden Raum vorgesehen war, doch lässt sich der mittelalterliche Zustand nicht mehr zweifelsfrei rekonstruieren, da

Stauferzeitlicher Hauptturm, 2. Geschoss, Kapelle, Nordwand mit Blendbogengliederung

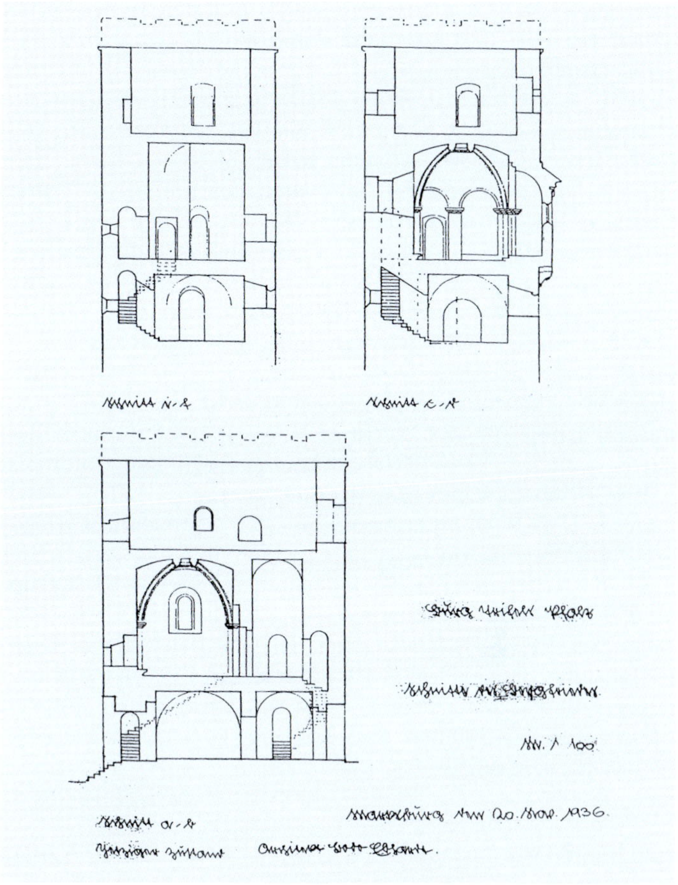

Stauferzeitlicher Hauptturm, Längsschnitte, Zeichnungen vom Architekturbüro Bodo Ebhardt 1936

das Gewölbe mit dem Ringschlussstein im Jahr 1851 – vermutlich nach einem teilweisen Einsturz – restauriert wurde.
Der Raum über der Kapelle, der im Rundgang noch folgen wird, darf aufgrund seiner Größe und des Kamins als Wohnraum betrachtet werden. Hier scheint der adlige Wohnturm der Salierzeit als Vorbild gewirkt zu haben, in dem der Burgherr sichtbar seinen repräsentativen Wohnsitz hatte. Ein vergleichbarer Raum aus dem späten 12. Jahrhundert findet sich im so genannten ‚Roten Turm' der Königspfalz Wimpfen am Neckar. Dieser Raum befindet sich allerdings nicht im Ober-, sondern im erhöhten ersten Geschoss und war wie derjenige im Trifels nur über eine (hölzerne) Außentreppe zugänglich. Die komfortable Ausstattung des Wimpfener Raumes mit einem Kamin, einer Schlafnische und einem angebauten Aborterker legt

nahe, dass wir es hier mit dem Wohnraum des Königs zu tun haben. Gleiches darf man dem Wohnraum im Hauptturm des Trifels unterstellen. Wenn der König seinen Wohnsitz über der Kapelle mit den sie bergenden Reichsinsignien vorsah, brachte er damit sein Selbstverständnis deutlich sichtbar zum Ausdruck. Interessanterweise ist der Kamin im ‚Roten Turm' nicht ganz fertiggestellt worden, und auch der Kamin im dritten Geschoss des Trifelser Hauptturmes war nie in Benutzung, denn sonst würde die noch erhaltene Kaminnische deutliche Brandspuren in Form von Abplatzungen zeigen. Beide Räume sind demnach zumindest in der kalten Jahreszeit niemals bewohnt worden – vielleicht hatten sie nur symbolische Bedeutung.

Die Schmuckformen der Kapelle und des Erkers sind so eng mit der Bauplastik des Wormser Domes verwandt, dass man davon ausgehen kann, dass auf beiden Baustellen zumindest teilweise die gleichen Handwerker gearbeitet haben. Nach neueren Untersuchungen wurde mit den Ostteilen des Wormser Domes bereits um 1120/30 begonnen, und das Mittelschiff, das in der Trifels-Kapelle besonders bei der Gestaltung des Rippengewölbes und der Blendbögen prägend wirkte, war 1162 schon weit im Bau fortgeschritten. Der Formenschatz des spätestens um 1190 begonnenen Westchores des Wormser Domes dagegen taucht in der Plastik des Trifels-Turmes nicht auf. Daraus kann man schließen, dass der Turm kurz vor 1190 errichtet worden sein dürfte.

Fazit

Der Hauptturm des Trifels ist keineswegs einzigartig. Einige seiner Elemente sind dem königlichen Profanbau in den letzten beiden Jahrzehnten des 12. Jahrhunderts durchaus geläufig, wie etwa die Torhalle mit darüber liegender Kapelle oder der vielleicht nur symbolisch gemeinte Wohnraum des Königs im Turm, aber auch Treppenanlagen in der Mauerdicke.

Bemerkenswert ist nur die konzentrierte Kombination dieser Elemente in einem Bau. Als vages Vorbild könnte dem Bauherrn – mit hoher Wahrscheinlichkeit Friedrich Barbarossa oder dessen Sohn Heinrich VI. – der ‚Granusturm' der Aachener Pfalz vor Augen gestanden haben, in dem die Forschung den Wohnbau Karls des Großen sieht.

Die Innenräume des neuen Palas

Vom Kapellenvorraum gelangt man über eine der beiden Mauertreppen wieder zurück ins Untergeschoss des Turmes.

links:
Frühgotische (?) Bogensteine (links) eines Fensters vermutlich aus dem untergegangenen stauferzeitlichen Palas, 1. Drittel 13. Jh. (?) Hochgotische Bogensteine (rechts), vermutlich von einem Portal eines untergegangenen Torbaues, 2. Hälfte 13. Jh.

rechts:
Romanische Bogensteine vermutlich aus dem untergegangenen stauferzeitlichen Palas, spätes 12. Jh.

Romanischer Sattelstein aus einem untergegangenen salierzeitlichen Wohngebäude, 1. Viertel 12. Jh.

Dort erreicht man durch eine mehrfach gestufte alte Rundbogentür den neuen Palas. Dieser wurde wie bereits gesagt bis auf Reste seiner Außenmauern in den Jahren 1938–46 komplett neu erbaut. Nur in seinem Umfang stimmt der neue Palasbau mit dem stauferzeitlichen Palas überein. Alles andere mutet zwar teilweise mittelalterlich an – besonders die handwerkliche Ausführung und die Schmuckglieder –, ist aber eine Neuschöpfung des Architekten Rudolf Esterer.

Untergeschoss

Die westliche Hälfte des ersten Palasgeschosses besteht aus dem in zwei Stufen terrassierten Kernfelsen, der im Inneren mit Quadern verkleidet wurde. So bleibt nur Platz für einen länglichen Raum, dem zum Turm hin ein kleiner Zwischentrakt vorgelagert ist. Dieser kleine Zwischenraum besitzt auf seiner Ostseite ein Rundbogenfenster in einer mehrfach gestaffelten Nische. Von den drei Rundbogentüren in der gegenüberliegenden Westwand führen die beiden äußeren in kleine Abstellkammern. In der Mitte beginnt eine bis unters Dach reichende Wendeltreppe. Unter der Treppe befindet sich der Abortschacht, der noch aus der Gründungsphase des romanischen Palas im ausgehenden 12. Jahrhundert stammt. Er wurde 1938 mit einem Gewölbe geschlossen und ist deshalb von oben nicht mehr zugänglich.

In beiden Räumen sind eine Reihe von architektonischen Ziergliedern ausgestellt, die bei der Grabung von 1937/38 entdeckt wurden. Besonders beachtenswert ist ein romanischer Sattelstein mit Kerbschnittverzierung, der gegen Ende des ersten Viertels des 12. Jahrhunderts datiert werden kann. Er ist der älteste Schmuckstein, der auf der Burg gefunden wurde, und das einzige Anzeichen einer salierzeitlichen Wohnbebauung auf dem Kernfelsen, die ansonsten komplett den staufischen Neubauten zum Opfer gefallen sein dürfte. Es ist nicht sicher, ob der Sattelstein tatsächlich originär für diesen Standort geschaffen wurde. Unter Umständen könnte er von der wenige Kilometer entfernten Burg Schlössel stammen, wo mehrere Steine mit Kerbschnittornamentik gefunden wurden. Auf jeden Fall deutet der Sattelstein auf einen Bau von repräsentativem Charakter gegen Ende der Salierzeit. Der Pfostenstein mit den eingeritzten ‚Schnecken' dürfte um 1220/30 datiert werden und gehört zu einer Gruppe von drei Fensterteilungen aus so genanntem Plattenmaßwerk, die heute im vierten Turmgeschoss ausgestellt sind. Die übrigen, teilweise stark beschädigten Säulenfragmente und Basen gehören zum größten Teil ins späte 12. Jahrhundert.

Neuer Palas von 1938-46, 3. Geschoss, Laufgang in der Ostwand

Der folgende zweijochige Raum wird von Kreuzgratgewölben überspannt und von zwei Doppelfenstern in tiefen Mauernischen beleuchtet. Die Westwand ist mit zwei symmetrischen Blendnischen gegliedert, in denen man heute eine Reihe von Fundobjekten zu insgesamt drei Rundbögen zusammengestellt hat. Der Bogen mit Wulst-Kehlen-Profil stammt sicherlich noch aus dem späten 12. Jahrhundert. Die drei Bogensteine mit dem dazu gehörenden Anfängerstein, die alle angearbeitete Buckel aufweisen, sind nicht genau zu datieren: Sie könnten bereits vor 1200 entstanden sein, möglicherweise aber auch erst 40 Jahre später. Die drei äußerst reich profilierten Bogensteine gehörten ursprünglich wohl zu einem Portal aus der zweiten Hälfte des 13. Jahrhunderts. Ihre Herkunft ist ungewiss, vielleicht stammten sie von einem neu angelegten Haupteingang der Burganlage unterhalb des Palas. Am Nordende des Raumes befinden sich zwei unterschiedlich große Durchgänge. Vom kleineren geht eine Wendeltreppe abwärts in den nördlichen Burghof. Der Rundgang führt durch den größeren Rundbogen die Wendeltreppe aufwärts ins zweite Palasgeschoss.

Kaisersaal

Dieses Geschoss wird fast komplett vom so genannten Kaisersaal eingenommen, der über zwei Geschosse reicht. Sein trapezförmiger Grundriss mit den abgeschrägten Ecken an der Nordseite entspricht fast ganz dem Außenumfang des romanischen Palas. Die wuchtige Balkendecke ist nicht selbsttragend, wie es scheint, sondern – von unten nicht sichtbar – im Speicherraum an drei Oberzügen aufgehängt. In Nord – und Ostwand sind je zwei große Rundbogennischen mit gegenüberliegenden Sitzbänken eingelassen. Der Westseite des Saales ist eine monumentale Freitreppe vorgesetzt. Unter der Treppenanlage befindet sich ein Raum, der heutzutage für kleine Ausstellungen genutzt wird. Beim Kaisersaal handelt es sich um eine bewusst unmittelalterliche Neuschöpfung. Der Architekt Rudolf Esterer war sich durchaus darüber im klaren, dass die Säle mittelalterlicher Palatien immer nur eingeschossig waren. Ihm kam es hier auf die monumentale Wirkung an, die er durch die Freitreppe mit einer Art Rednerkanzel auf halber Höhe noch verstärkt hat.

Neuer Palas von 1938-46, 2. Geschoss, Kaisersaal, Blick nach Süden

Der Südseite des Saales ist eine eingeschossige Vorhalle angegliedert, die sich zum Kaisersaal durch eine große Doppelarkade öffnet. Der noch aus staufischer Zeit stammende Durchgang in der Südwand der Halle führt direkt in den Vorraum der Kapelle. Die kleine Rundbogentür in der Westwand gehört zu der kleinen Wendeltreppe über dem romanischen Abortschacht.
Der ornamentale und plastische Bauschmuck auf den Kämpfern, Konsolen und Gesimsen im Kaisersaal und in der Vorhalle wurde nur teilweise fertiggestellt, wie man beispielsweise an den Konsolen auf der Südwand der Vorhalle sehen kann. Die mittlere zeigt Richard Löwenherz und den Sänger Blondel, der den gefangenen König der Sage nach auf dem Trifels entdeckte, indem er dessen Lieblingslied sang, auf das der König antwortete.
Über die große Freitreppe im Kaisersaal gelangt man auf die Empore. Von hier zweigt ein Laufgang ab, der in der Außenmauer um den Saal führt. Er ist durchgehend mit einer Längstonne gewölbt und zum Saal hin durch Dreierarkaden sowie einen Rundbogen geöffnet. Von außen wird der Laufgang durch Rundbogenfenster erhellt, die größtenteils symmetrisch gegenüber den Arkaden platziert sind. Die Arkadenkapitelle ahmen in ihrer Grundform zumeist frühgotische Kelchkapitelle nach, deren Formenapparat sie jedoch stark vereinfachen oder durch Neuschöpfungen ersetzen. In der Südwestecke der Empore führt die von unten kommende Wendeltreppe direkt in den Dachraum des Palas und von dort über eine weitere Treppe auf die Turmplattform.

Die neuen Räume des Hauptturmes

In der südlichen Rückwand der Empore befindet sich der noch aus der Stauferzeit stammende Zugang zu dem Raum über der Kapelle im dritten Turmgeschoss. Der Raum, in dem heute Kopien der Reichskleinodien ausgestellt sind, konnte auch in staufischer Zeit nur von außen durch die original erhaltene Rundbogentür in seiner Nordwand betreten werden, denn eine innere Treppenverbindung im Turm hat nachweislich nie existiert. Bis zur Erhöhung des Hauptturmes in den Jahren 1964–66 besaß der Raum einen flachen Deckenabschluss aus dem 19. Jahrhundert und keinerlei Einbauten. In staufischer Zeit handelte es sich um einen nicht unterteilten Raum, dessen Dachstuhl mit hoher Wahrscheinlichkeit entweder offen oder mit einer Balkendecke verschlossen war. Durch die moderne Einwölbung von 1964–66 wurde der Raum um etwa ein Drittel erhöht. Zum staufischen Bestand zählt noch die Kaminnische

in der Ostwand, die allerdings schon vor der Restaurierung des 19. Jahrhunderts ihre Haube eingebüsst hat. Die unterschiedlich großen Rundbogenfenster, die zum Teil in tiefen Nischen sitzen, stammen ebenfalls noch aus der Stauferzeit. Die heutigen Einbauten, besonders der steinerne Treppenaufgang ins vierte Turmgeschoss, haben den Charakter des Raumes stark verändert.

Über eine neue Treppe gelangt man ins vierte Turmgeschoss. Dieses ist ein kompletter Neubau der Jahre 1964–66, war aber schon im ersten Ausbauplan des Architekten Rudolf Esterer von 1938 vorgesehen. In dem flachgedeckten Raum sind diverse Fundobjekte aus der Grabung von 1937/38 ausgestellt. Die hervorragend gearbeiteten frühgotischen Kelchkapitelle – entstanden um 1230/35 – stammen ursprünglich nicht aus dem Hauptturm, sondern aus dem untergegangenen Palas. In dieselbe Zeit – und wahrscheinlich auch zum Palas – gehört der Stein eines Kleeblattbogens. Wie bereits erwähnt, passen die drei Fensterteilungen in so genanntem Plattenmaßwerk zu einem im ersten Palasgeschoss ausgestellte Pfostenstein und dürften um 1220/30 datiert werden.

Zur Turmplattform führen zwei Aufgänge, die beide in der Nordwand ihren Anfang nehmen. Der erste ist über eine Holztreppe erreichbar, der zweite beginnt im Durchgang zum Palasspeicher. Die Plattform wird von einer brusthohen Mauer eingefasst und gewährt eine beeindruckende Aussicht über die Hügellandschaft des Pfälzer Waldes, auf der Ostseite bis in die Rheinebene hinein.

Für den Abstieg in den Burghof bieten sich mehrere Möglichkeiten an. Im zweiten Geschoss des Palas kann man den Weg diagonal durch den Kaisersaal zur großen Schneckentreppe bis ganz nach unten nehmen. Man verlässt den Palas an der Nordostecke durch eine stauferzeitliche Rundbogentür, die ursprünglich nur als Zugang eines Kellerraumes diente, denn die heutige Schneckentreppe wurde erst 1938 aus dem Felsen geschrotet.

Nördlicher Burghof

Der nördliche Burghof befindet sich hinter dem Palas. Seine Nordwestecke markiert ein zweites Kastellanshaus aus den Jahren 1960 und 1988/89. Leider konnte eine 1960 während des Baues ergrabene Felsentreppe, die vom Hof aus abwärts nach Westen führt, aus technischen Gründen nicht sichtbar erhalten werden. Sie ist nun vollständig vom Kastellansgebäude und der neuen Toilettenanlage überbaut. Bei der aus dem Felsen gemeißelten, fast drei Meter breiten Treppe aus der Stauferzeit handelt es sich um eine repräsentative Anlage, die seinerzeit vielleicht sogar als Haupteingang der Burg gedacht war. Im Spätmittelalter wurde die Treppe von einer neu errichteten Ringmauer abgeschnitten.

Ringmauer

Man muss davon ausgehen, dass die Burg am Ende der Stauferzeit keineswegs vollendet war. Ein Rest der staufischen Ringmauer, die mit Buckelquadern verkleidet ist, hat sich auf der Ostseite erhalten und wurde 1954/55 in den Neubau des älteren Kastellanshauses einbezogen. Die Ausführung spricht für eine Entstehung im frühen 13. Jahrhundert. Der nördlich anschließende Teil der Mauer bis etwa in Höhe des Treppenaufgangs zur Kernburg ist dem Befund nach vermutlich aus statischen Gründen eingestürzt. Darüber hinaus scheint die Ringmauer auf der Ostseite in staufischer Zeit nie weitergeführt worden zu sein. Geplant war anscheinend eine großzügige Ummantelung des Felsplateaus. Ob diese bereits den im jetzigen Zustand spätmittelalterlichen Torweg einschließen sollte, ist fraglich.

Am westlichen Berghang fanden sich bei den Ausgrabungen von 1937/38 weitere Reste einer staufischen Ringmauer aus Buckelquadern, die man wohl ebenfalls nicht mehr fertiggestellt hat. Am Ende der Stauferzeit war die Ringmauer ein Torso, der vermutlich kaum fortifikatorische Sicherheit gewährte. In der politisch und militärisch unruhigen Zeit des Interregnums dürfte die Schließung des Berings deshalb dringend notwendig gewesen sein.

Besonders auf der nicht mehr zugänglichen Westseite hat sich die in nachstaufischer Zeit errichtete Ringmauer in großen Teilen bis heute gut erhalten. Mauerdicke und -struktur sowie die auf weiter Strecke intakt gebliebene Verblendung aus regelmäßig geschichtetem Kleinquaderwerk ohne Buckel deuten auf eine Entstehung im späten 13. oder frühen 14. Jahrhundert. Diese Mauer ist um 1400 mit (zweitverwendeten?) Buckelqua-

Nordostecke des neuen Palas von 1938–46 mit stauferzeitlicher Rundbogentür (ursprünglich als Kellerzugang dienend), im Hintergrund erstes Kastellanshaus von 1954/55

dern erhöht und an ihrer Südwestecke durch einen großen Strebepfeiler gesichert worden, der vermutlich einen kleinen Aufbau trug. Auch die zum Brunnenturm hin vorspringende Nordostecke des Felsplateaus wurde vermutlich im 14. Jahrhundert mit drei hohen Strebepfeilern abgestützt.
Auf der Nordseite wurde die spätmittelalterliche Ringmauer bereits im 19. Jahrhundert mehrfach repariert und brach im Zuge einer Sanierung im Jahr 1973 großflächig aus, so dass die heutige Mauer eine mit Sandstein verkleidete Betonkonstruktion darstellt, in die hofseitig bei verschiedenen Ausgrabungen gefundene Bauplastiken eingelassen sind. Beachtung verdient ein frühgotischer Gewölbeschlussstein, der eine Rosettenverzierung besitzt und vermutlich zu den im vierten Turmgeschoss ausgestellten Kelchkapitellen gehört.

Brücke zum Brunnenturm

Am nordöstlichen Ende des Burghofes leitet die schmale Bogenbrücke von 1882 über auf den staufischen Brunnenturm. Die Brüstung mit ihren zierlichen, auf der Außenseite profilierten Zinnen ist eine typische Schöpfung aus der Epoche des so genannten Historismus, in der man sich ganz bewusst historischer Bauformen bediente.

1081 Erste Erwähnung des Trifels in einer Schenkungsurkunde

seit 1113 Trifels kann mit Sicherheit als Reichsburg gelten

1125 Übergabe der Reichsinsignien durch den sterbenden Salierkaiser Heinrich V. an den Stauferherzog Friedrich von Schwaben mit der Aufgabe, diese bis zur Wahl des neuen Könige auf dem Trifels zu verwahren

ca. 1190 Bau des ursprünglich frei stehenden Hauptturmes mit mehreren Planungsänderungen im Unter- und im Kapellengeschoss sowie direkt anschließend erste Bauphase des Palas unter dem Stauferkaiser Friedrich Barbarossa bzw. seinem Sohn Heinrich VI.

1193 Gefangenschaft des englischen Königs Richard Löwenherz auf Trifels

1194 Trifels ist Ausgangspunkt des siegreichen Feldzuges von Kaiser Heinrich VI. gegen das Normannenreich in Süditalien und anschließend Hort des erbeuteten Normannenschatzes

1208 Verwahrung der Reichsinsignien auf dem Trifels durch Kanzler Konrad von Scharfenberg nach dem Tod König Philipps von Schwaben

1219 Erhebung der Siedlung Annweiler zur Stadt durch den staufischen König (seit 1220 Kaiser) Friedrich II. mit gleichzeitiger Verleihung des Münzrechtes, dessen Erlöse für den Trifels bestimmt sind: Trifels als Mittelpunkt eines großer Reichsgutkomplexes mit besonderer Bedeutung für die Staufer

ca. 1230 Zweite Bauphase des Palas mit repräsentativem (eingewölbten?) Saal, Bau des Brunnenturmes und Baubeginn der wahrscheinlich nicht fertig gestellten Ringmauer

1241 Dem sog. ‚Reichssteuerverzeichnis' zufolge ist der Trifels eines der steuerlich ergiebigsten Besitztümer der Krone

vor 1246–98 Sicher belegte zeitweise Verwahrung der Reichinsignien auf dem Trifels durch wechselnde Reichsministerialen

um 1300 Bau bzw. Fertigstellung der Ring mauer auf der West- und Nordseite

ab 1310 Verpfändung der Reichsburg an wechselnde Territorialherren

1346/57/67 Schriftliche Erwähnung von nicht lokalisierbaren Baumaßnahmen auf dem Trifels

ab 15. Jh. Zunehmender Verlust der politi schen und militärischen Bedeutung

1581/1595 Zwei fast identische Inventare verzeichnen nur wertloses Gerümpel

1602 Brandzerstörung durch Blitzschlag; in der Folge Aufgabe und Verfall der Burg, besonders des Palas – beschleunigt durch die Ausbeutung als ‚Steinbruch' durch umliegende Anwohner

ab 1841 Beginn der Restaurierungsmaßnahmen durch den bayerischen Staat

1866 Gründung des Trifels-Vereins zur Unterstützung der Restaurierungen

ab 1880 Wiederherstellung des Brunnenturmes, Freilegung der Brunnenröhre

1935 Erste Ausgrabung vor dem Hauptturm unter Friedrich Sprater

ab 1937 Moderner Ausbau der Burg zu einer nationalen Weihestätte im Auftrag des nationalsozialistischen Ministerpräsidenten von Bayern durch Rudolf Esterer mit vorangehender großer Ausgrabung des gesamten Burggeländes unter Friedrich Sprater

1938-46 Neubau des Palas

1954/55 Bau des ersten Kastellanshauses und Ergänzung der Ringmauern

1960 Bau des zweiten Kastellanshauses, Entdeckung einer breiten Felsentreppe

1964-66 Erhöhung des Hauptturmes nach Plänen von Rudolf Esterer

1973/74 Einsturz und Neubau der nördlichen Ringmauer

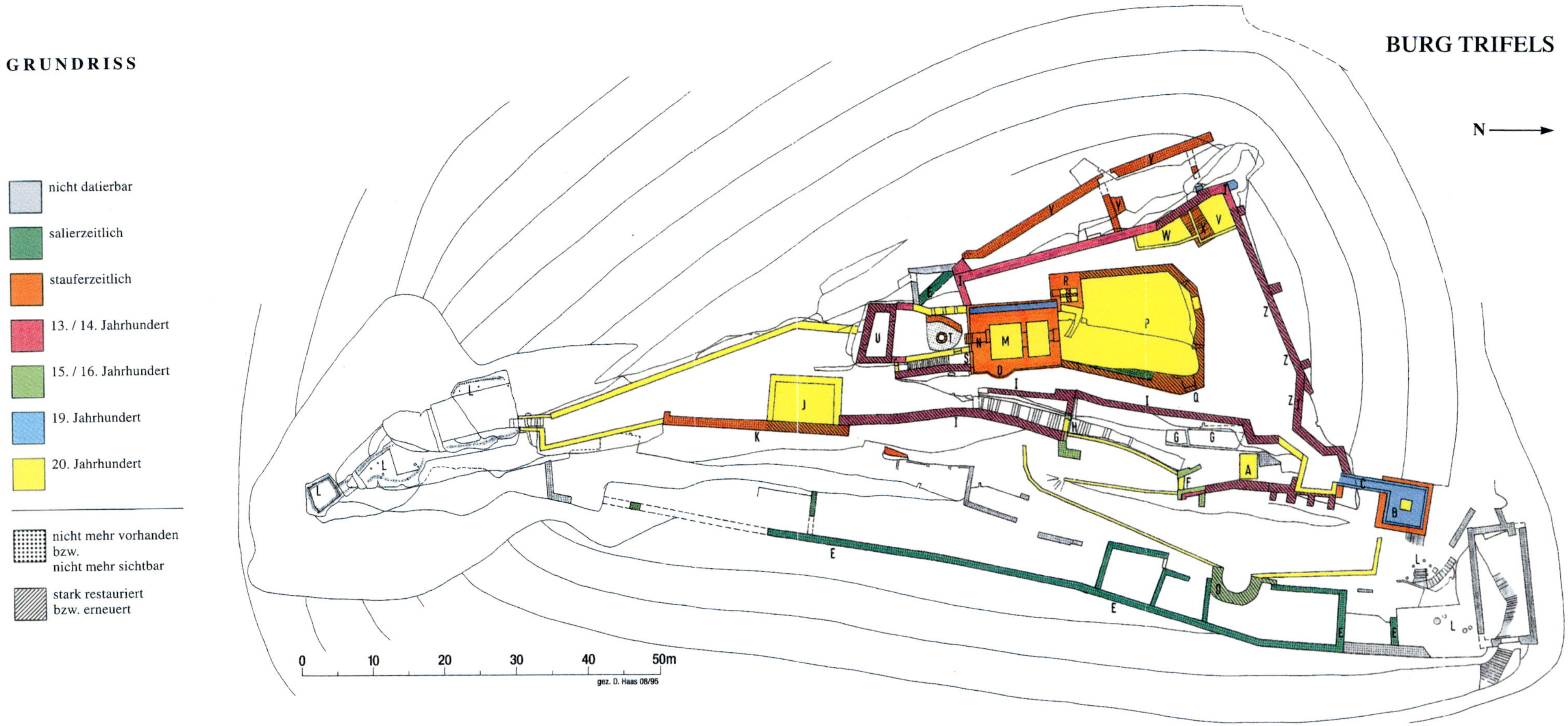

A Neues Kassenhaus
B Stauferzeitlicher Brunnenturm
C Bogenbrücke von 1882
D Spätmittelalterlicher Geschützturm
E Reste der salierzeitlichen Burganlage
F Unteres Burgtor
G Mittelalterliche Wasserbecken
H Oberes Burgtor
I Spätmittelalterliche Ringmauer
J Erstes Kastellanshaus
K Rest der stauferzeitlichen Ringmauer
L Mittelalterliche Pfostenlöcher
M Stauferzeitlicher Hauptturm mit neuem Obergeschoß
N Stauferzeitliches Turmportal
O Stauferzeitlicher Kapellenerker
P Neuer Palas auf stauferzeilichem Grundriß
Q Stauferzeitliche Rundbogentür
R Stauferzeitlicher Abortschacht
S Spätmittelalterliche Freitreppe
T Entnahmeröhre einer ehemaligen romanischen Zisterne
U Spätmittelalterliches Wachthaus
V Zweites Kastellanhaus
W Toilettenanlagen
X Überbaute romanische Felsentreppe
Y Reste einer romanischen Ringmauer
Z Vermauerte Bauplastiken

Stilkunde und Bautechnik

Hans KOEPF: Bildwörterbuch der Architektur, 3. v. Günther Binding überarb. Aufl. Stuttgart 1999. [Kurze alphabetische Erläuterungen architektonischer Fachbegriffe mit zeichnerischen Abbildungen.]

Günther BINDING: Baubetrieb im Mittelalter, Darmstadt 1993, unv. ND ebd. 1997. [Allgemein verständliche Darstellung des mittelalterlichen Bauwesens, mit vielen zeitgenössischen Abbildungen und weiterführender Literatur.]

Pfälzische Baukunst

Georg DEHIO: Handbuch der deutschen Kunstdenkmäler. Rheinland-Pfalz/Saarland, bearb. v. Hans Caspari u.a., 2., erw. Aufl. München/Berlin 1984. [Wissenschaftlich orientierte Kurzdarstellung von Geschichte und Baugeschichte der wichtigsten Denkmäler.]

Staatliche Burgen, Schlösser und Altertümer in Rheinland-Pfalz, Führungsheft 7, bearb. v. Magnus Backes, Neuausgabe Regensburg 2003. [Zusammenstellung und kurze Erläuterung aller historischen Bauten in Landesbesitz, die Burgen, Schlösser, Altertümer bzw. der Schlösserverwaltung unterstellt sind.]

Pfälzisches Burgenlexikon, (Beiträge zur pfälzischen Geschichte, Bd.12.1), Bd. 1: A–E, hrsg. v. Jürgen Keddigkeit, Karl Scherer, Alexander Thon u. Rolf Übel, 2., erw. Aufl. Kaiserslautern 2003. – Bd. 2: F–H, hrsg. v. Jürgen Keddigkeit, Alexander Thon u. Rolf Übel, ebd. 2002. [Umfassende historische und baugeschichtliche Darstellung aller pfälzischen Burgen, jeweils mit Quellen- und Literarturangaben sowie Grundrissen, Fotoaufnahmen und historischen Abbildungen.]

Alexander THON, Hans Reither u. Peter Pohlit: „... wie eine gebannte unnahbare Zauberburg". Burgen in der Pfalz. Ein Führer, Regensburg 2003. [Vorstellung von 28 Burgen der Südpfalz und des Nordelsass, jeweils mit Luftaufnahmen, Grundrissen und historischen Abbildungen.]

Burgenbau

Thomas BILLER: Die Adelsburg in Deutschland. Entstehung, Form und Entwicklung, 2., korr. Aufl. München 1998. [Übergreifende Darstellung des deutschen Burgenbaues auf dem neuesten wissenschaftlichen Stand.]

Joachim ZEUNE: Burgen. Symbole der Macht. Ein neues Bild der mittelalterlichen Burg, Regensburg 1996, 2. unv. Aufl. ebd. 1997. [Umfassende Einführung in die Methoden der Burgenforschung mit dem neuesten wissenschaftlichen Stand, mit vielen historischen Abbildungen.]

Burg Trifels

Die Kunstdenkmäler des Bezirksamtes Bergzabern (Die Kunstdenkmäler von Bayern, Regierungsbezirk Pfalz, Bd. 4), bearb. v. Anton Eckardt, München 1935, [unv. ND München/Berlin 1976], S. 423–455. [Genaue Beschreibung des 1935 vorhandenen Baubestandes vor dem Neuausbau, mit der vollständigen älteren Literatur.]

Bodo EBHARDT: Burg Trifels. Untersuchungen zur Baugeschichte, Braubach 1938. [Wissenschaftliche Baumonographie, die schon die Ergebnisse der Ausgrabungen von 1937/38 berücksichtigt, vergriffen.]

Werner BORNHEIM gen. Schilling: Zum Kapellenturm und Palas des Trifels, in: Mitteilungen des Historischen Vereins der Pfalz 58, 1960, S. 189–209. [Wissenschaftlicher Aufsatz zur kunstgeschichtlichen Bedeutung des Trifelser Hauptturmes.]

Dankwart LEISTIKOW: Aufbewahrungsorte der Reichskleinodien in staufischer Zeit, in: Burgen und Schlösser 15, 1974, H. 2, S. 97–103. [Wissenschaftlicher Aufsatz zum möglichen Zusammenhang zwischen den Bauformen einiger staufischer Burgen und der dortigen Unterbringung der Reichsinsignien.]

Günter STEIN: Der Trifels – Um 1193 bis 1195 eine "große Baustelle"?, in: Mitteilungen des Historischen Vereins der Pfalz 83, 1985, S. 153–173. [Wissenschaftlicher Aufsatz zur Datierungsproblematik der stauferzeitlichen Bauten auf dem Trifels.]

Jürgen KAISER: Fassaden einer Diktatur. Bauwerke und Bauplanungen des Nationalsozialismus in der Pfalz, in: Mitteilungen des Historischen Vereins der Pfalz 92, 1994, S. 363–418. [Wissenschaftlicher Aufsatz über die wichtigsten Bauwerke der NS-Zeit in der Pfalz, mit dem Ausbau des Trifels durch Rudolf Esterer.]

Bernhard MEYER: Burg Trifels. Die mittelalterliche Baugeschichte, (Phil. Diss., Köln 1995) Kaiserslautern 2001. [Umfassende wissenschaftliche Darstellung der mittelalterlichen Baugeschichte des Trifels unter Aufarbeitung aller verfügbaren Quellen mit zahlreichen Fotoaufnahmen, Plänen und historischen Abbildungen.

Stauferzeitlicher Brunnenturm mit Zinnenkranz des späten 19. Jh. von Süden